pol & pott

Caroline Unterdorf kocht
mit ihren Freunden

pol & pott

Caroline Unterdorf kocht mit ihren Freunden

Die Rezepte aus der gleichnamigen
Serie in der *jungen Welt*

HUNGER!
TISCHLEIN LECK MICH!

1. Auflage Berlin 2000

Gestaltung/Satz: Michael Sommer
Illustrationen: Rattelschneck
Titelfoto: Kontar Bilderpressedienst

Belichtung, Druck und Bindung: Interpress, Budapest

ISBN: 3-931745-07-4

Inhaltsverzeichnis

Wer ist Caroline Unterdorf?

Von Conny Lösch

Gute Frage. Ähnlich leicht zu beantworten wie: »Machen Quitten dicke Titten?« Caroline mag nicht, wenn man über sie spricht. Nicht aus Bescheidenheit, sondern weil sie nicht mitreden kann. Jedenfalls nicht qualifiziert. »Schreib', daß ich Paul McCartney liebe und daß mein Hobby Häkeln ist«, wies sie mich an. Das ist nicht mal komplett gelogen. Der Rest, den sie mir diktieren wollte, schon. Sie sieht aus wie Gisele Bündchen, hat ein Hirn wie Horkheimer, und singen wie Aretha Franklin kann sie auch noch. Also, irgendwann ist Schluß. Man darf ihr nicht alles durchgehen lassen. Dabei hat sie nichts zu verbergen. Sie zickt nur leidenschaftlich gerne rum. Ich hab' die Faxen dicke und serviere jetzt die Wahrheit. Aus Rache.

Caroline Unterdorf kam in den späten sechziger Jahren in Hessen zur Welt. Das läßt sie sich nicht anmerken. Ihre Mutter kochte leidenschaftslos Lebensmittel, der Vater kochte wütend vor sich hin. Freunde hatte sie nicht viele, aber daran ist sie selbst schuld – sie hätte nicht so penetrant die Pausenbrote anderer kritisieren dürfen. Ihre Oma wärmte Kondensmilch, verrührte sie mit Kaba und bot sie ihr als »heiße Schokolade« an, ihr großer Bruder versorgte sie mit Tiefkühlpizza, und ihre Tante türmte Tonnen von Nudelsalat auf ihren Teller. Der familiäre Boden wurde ihr zu heiß. Sie verliebte sich in den Fernsehkoch Max Inzinger und zog mit dessen Doppelgänger in eine ausgespülte Mansarde über dem Stützpunkt der freiwilligen Feuerwehr im hessischen Heubach. Die beiden lebten in Armut, aber Gott sei dank war Caroline und nicht Schmalhans Küchenmeister. Über dem Bunsenbrenner bereitete sie aus einem Pfund Haferflocken ein dreigängiges Menü. Das hat ihren Stil geprägt. Ein paar Jahre später fand sie bei einem Waldspaziergang einen Koffer voller Zaster. Seitdem hat sie nicht gearbeitet und wenn, dann nur für gute Worte, auf keinen Fall für Geld.

Feigheit vor dem Küchenfeind kennt Caroline nicht. Sie kämpft für Freiheit und Wohlbefinden an der Seite der gastronomisch Gequälten. Sie kocht aus Notwehr, Trotz und Raserei. Teller voller Quatsch mit Soße stimmen sie traurig. Dabei ist Kochen für Caroline eine fröhliche Wissenschaft. Die Ulknudel geht auf sie zurück. Am eigenen Herd hat sie eine Menge Zeit zu verlieren, eigentlich ist sie ein faules Stück. Lädt sie Freunde zum Essen ein, müssen die vorher selbst die Teller spülen. An die Töpfe läßt sie terroristisch radikal keinen anderen ran. Sie wurstelt und improvisiert, nonchalant und konzentriert. Trotzdem gehört Klappern nicht zu ihrem Handwerk. Daß sie kocht, merkt man vor allem daran, daß es was zu essen gibt. Auch in kritischen Kochphasen gibt sie den Löffel nicht ab und wird nur ungehalten, wenn Leute über Rezepte reden wollen. »Wie hast du das gemacht?« ist die Frage, die sie wie Gespräche übers Wetter freundlich ignoriert. Mit einem Essen will sie nur den Magen, nicht den Abend füllen. Ihre Gäste macht das kirre. Als die Bekochten immer fuchsiger Anleitungen forderten und Caroline sich umso bockiger weigerte, sie herauszurücken, lud ich sie ein, Rezepte für die *junge Welt* zu schreiben. Seit drei Jahren ist sie dabei. Nicht selten nimmt sie den Mund zu voll, wirklich verübeln kann man es ihr nie. Denn Caroline hat ein Ziel vor Augen: Sie will ein gutes Leben. Für alle. Ausgesuchte Freunde forderte sie auf, eigene Beiträge zu liefern, längst jedoch nicht jeden, denn schließlich ist Kochen wie befreundet sein: Vertrauenssache. Was bei pol & pott gekocht wird, ganz egal von wem, würde Caroline essen. Das will was heißen. Eine Auswahl der gesammelten Rezeptetexte liegt jetzt als Buch vor. Und das war allerhöchste Eisenbahn.

WEISSWEIN - ZU - FISCH - QUATSCH! FISCH - ZU - MIR!

Fisch provençale

»Hopfen und Malz, Gott erhalt's«, denkt der geplagte Kopfarbeiter, dem vor Einfallslosigkeit der Schädel langsam auf die Tischplatte sinkt. Bisweilen befällt ihn ein unüberwindliches Gefühl der Leere. Leider lokalisiert er es schlecht. Er glaubt der Magen knurrt, obwohl es in Wirklichkeit sein Hirn ist, das Hunger hat. Zur Beruhigung schleicht er in die Küche, macht ein Kreativitätsbier auf und kaut gierig eine schmierige Leberwurststulle. Einkaufen muß trotzdem sein. Schon weil es lange dauert und zum Spaziergang zwingt. Egal welche Witterung, er stürzt ins Freie und holt ein: nichts für einen schnellen Snack, sondern die pralle Packung Ersatzbefriedigung. Schließlich geht's um Abendbrot und kein bißchen um Gedanken. Je komplizierter das Thema, je näher der Abgabetermin, desto länger steht er in der Küche, desto größere Berge stopft er in sich rein. Der Kopfarbeiter hat sein Sitzfleisch nicht vom Sitzen.

Es gibt schlanke Ablenkungsalternativen: 1. Bleistiftspitzen und Fensterputzen. Aber wie steht man da, wenn kein Schmutzfilm über der Aussicht und benutzbares Schreibwerkzeug auf dem Tisch liegt? Spießig. Also 2. Basteln. Was war das wohlig in den Wohnstuben der 70er und 80er Jahre als sich der weibliche Teil der Familie auf dem Flokati versammelte und Tauchlackgestecke, Strumpfblumensträuße, Trockengrasgebinde und Knüpfteppiche wickelte, stickte, strickte und knetete. Aber Bastelzubehör kostet in der Regel mehr, als der träge Kopfarbeiter verdient. Die Entsorgung ist ebenso schwierig: Nach spätestens sechs Monaten hat man sich mit gebastelten Präsenten im Bekanntenkreis zum Gespött gemacht und muß das Zeug auf Sondermülldeponien abladen.

Dann doch lieber kochen: einen provençalischen Eintopf. Der macht nicht dick und läßt sich aufwärmen, wann immer das geplagte Gemüt nach Energiezufuhr verlangt. Und er ist ganz rasch gezaubert: 1 kg rote und grüne Paprikaschoten in grobe Würfel schneiden, 500 g Auberginen längs halbieren und in Scheiben schneiden, 3 kleine scharfe Chillies in dünne Ringe schneiden, 200 g Zwiebeln würfeln und 2 Knoblauchzehen durchpressen. 1 Zweig Rosmarin und 1 Bund Thymian fein hacken. 500 g Lammfleisch ohne Knochen in gulaschgroße Würfel schneiden, in Olivenöl anbraten, herausnehmen und beiseite stellen. Paprika, Chillies, Zwiebeln, Knoblauch und Auberginen unter Wenden im heißen Fett anbraten, das Fleisch wieder zugeben, Rosmarin und Thymian unterrühren, salzen. Den Eintopf im geschlossenen Topf im vorgeheizten Ofen bei 200 Grad eine Stunde garen. 500 g Zucchini in Scheiben schneiden und mit einer kleinen Dose geschälte Tomaten zum Eintopf geben, zugedeckt bei 225 Grad weitere 30 Minuten garen, Deckel runter und nochmal 15 Minuten schmoren lassen. Im Topf mit Reis oder Weißbrot servieren. Literweise Rotwein dazu trinken. Wer dann immer noch keinen Einfall hat, sollte es mit einer Nulldiät probieren oder das Schreiben an den Nagel hängen. Kopfarbeiter sein ist gar nicht geil, es macht vor allem dumm und dick.

Rostbraten
Von Vincent Klink

Der Deutsche steht im Ruf, ein Brutalo zu sein. Versuchen Sie mal in einer ganz normalen Kleinstadt, die Straße zu überqueren. Die Mehrheit aber ist sanft, beim Essen sowieso. Pauschal gesagt: harte Fäuste, weiches Gebiß. Die Deutschen wollen es »soft«. Mousses, Schaumsößchen, Samtsuppen, zarte Salate, möglichst aus Holland, damit uns kein Läuslein erschreckt. Der Bürger als Edelmann. Und dann gegen Monatsende, wenn sich das Konto selbst gefressen hat, zurück an die Basis zu matschigen Pommes, zu wattigen Hamburgern.

Da ist es kein Wunder, daß auch der schwäbische Rostbraten auf der Zunge schmelzen soll. Zart ist die Meßlatte der Qualität. Aus dieser einseitigen Sicht inzwischen allerorten perfekt. Wie kam es dazu? In Argentinien wird geschlachtet, dann noch körperwarm vakuumiert. Die Kalkulation soll durch keinen Flüssigkeitsverlust irritiert werden. Und so geht es auf die lange Reise. Leicht angefroren. Es soll in den Zollpapieren als billige Tiefkühlware durchgehen, und ist so weit angetaut, daß es bei der Einfuhr als Frischware einen höheren Preis erzielt. Fleischberge fermentieren in den Bäuchen großer Schiffe oder auf den Pritschen von Großlastern, welche das Fleisch rund um Europa karren, um an den Grenzen womöglich noch Subventionen abzocken zu können. Für die Tiere ist es ein Glück, daß sie bereits tot sind und nicht lebendig am Horrortourismus teilnehmen müssen. Was aus näher gelegenen Ländern auf den deutschen Tisch kommt, ist ein halbvergorenes, in Vakuumbeuteln säuerndes Anonym, mit dem offensichtlich viele zufrieden sind, nur weil es so zart ist. Fleischreifung dauert vierzehn Tage. Die Lobby sorgt dafür, daß auf der Verpackung kein Schlachtdatum vermerkt ist. Ein fälschungssicherer Brandstempel würde den Großteil des in Deutschland verzehr-

OH NO!
DER BALL LANDET IM VULKAN. EIN NEUER BALL MUSS HER...

ten Fleisches als zwei bis drei Monate alten Methusalemschrott identifizieren, als eine von Milchsäurebakterien vorverdaute Scheußlichkeit. Ein Rostbraten ist im Mund immer zäher, als er hinten rauskommt. Man hat sich an das saure Fleisch bereits so gewöhnt, daß es von den meisten hingenommen wird. Wenn's zu schlimm stinkt, dann muß ordentlich Pfeffer drauf. Wahrscheinlich wurde so das Pfeffersteak erfunden. Wie damals in Indien die Currys so lange mit scharfen Gewürzen aufgepeppt wurden, bis der mangels Kühlmöglichkeiten allseits dräuende »Haut Gout« niedergerungen war. Leicht vorzustellen, daß Karl der Große infolge halbverwesten Essens täglich bis zu achtzig Muskatnüsse auf die Zunge rieb! Aber nicht nur der Geschmack ist ein Kriterium. Der Wunsch nach Zartheit hat zu Mißbrauch mit Hormonen geführt, hat zu immer artifiziellerer Fütterung animiert. Und so sind wir nicht nur mit ausländischem Schnellmastfleisch konfrontiert, auch mit ausländischen Rassen, die auf deutsche Weiden die englische BSE-Krankheit importierten. Waren bislang die englischen Fleischrassen wie Black Angus oder Hereford die Stars des Fleischhandels, so wendet sich nun alles wieder unseren deutschen schwarz- und rotbunten Rindern zu.

Wir sind uns einig: Der Rostbraten sollte nach Fleisch schmecken, und wir sollten unsere Kunden wieder auf den Weg des Wohlgeschmacks führen. Soll sich die restliche Welt mit Rinderwahnsinn im Kreise drehen, unsere Kundschaft muß überleben, damit wir leben können.

Zurück zum Rostbraten. Er hat immer seine Fettränder, die wegschneiden kann, wer's nicht mag. Es gibt viele, die das krustige Fett mögen. Denen können wir nicht pauschal etwas entziehen, was einige Fettneurotiker ablehnen, die der Gehirnwäsche der Margarine- und Cholesterinlobby erlegen sind.

Salzen und mit etwas schwarzem, grobem Pfeffer bestreuen. Der Rostbraten wird geklopft wie ein

Schnitzel. Die Oberfläche vergrößert sich. Es entsteht der Röstgeschmack mit breiter Intensität. Das alles hat mit dem rechteckigen Brocken eines Rumpsteaks nichts zu tun. Von beiden Seiten jeweils zirka 10 Sekunden heiß und scharf braten. In der Pfanne schmilzt beim Anbraten ein wenig Fett und gibt dem Gericht den typischen Geschmack. Er kommt mehr vom Fett als vom Fleisch. Dann geben wir die letzten paar Sekunden vorgebratene Zwiebeln dazu, wirbeln alles herum und befördern ein schwäbisches Spitzenprodukt ohne Umwege auf den Teller.

Was ist mit der Farbe los, fragte Francis Ford Coppola in leichter Panik, als er einen Schwarzweißfilm von Wim Wenders ansah. So könnte man fragen, wo beim Rostbraten die Sauce herkommt. Wenn man's genau nimmt, so gibt es keine, denn der austretende Bratensaft hat Intensität genug. Die Leute brauchen ihr Zeug. Die Sauce schwappte erst über, als die Knorrvertreter massiv in die ländlichen Idyllen der Dorfgasthöfe einbrachen. Ich habe den Verdacht, daß die riesigen Soßenschöpfer nur deshalb zur Unsitte wurden, um die gewaltigen Klumpen Spätzle leichter die Gurgel hinunterbefördern zu können. Sollen sie dran ersticken und rote Hochdruckschädel durch die Welt tragen, diese Teutonen, Barbaren oder »Boches«. Egal wie weit sie reisen, man soll sie von weitem schon erkennen.

Krautwickel

Lockenwickler, Wickelrock. Wickeln ist geil. Man sollte viel mehr wickeln. Keine Windeln. Die stinken. Lieber Leute um den Finger. Und sich auch mal wickeln lassen. Bloß nicht schief. Beim Wickeln geht's im Kreis. Oder besser, immer rundrum. In einer Richtung ein, andersrum aus. Man muß sich nur entscheiden. Hat man etwas eingewickelt, kann man es später wieder auswickeln. Das ist der Geschenkeffekt. Auch wenn man weiß, was drin ist, freut man sich doch. Sogar dann, wenn man es selbst reingetan hat. Lockenwickler kann man einwickeln und Leuten mit Frisuren wie Elke Heidenreich schenken. Die brauchen das. Volumen, Sie wissen schon. Dazu einen Wickelrock, der ist zeitlos elegant. Natürlich nur was für Sozialpädagoginnen. Ein Wickelrock für unten zum Wickeln und Lockenwickler für oben. Wicken kann man nicht wickeln. Das ergibt keinen Sinn. Wickelt man Kraut, hat man Krautwickel. Die sind was für drinnen. Erst draußen, dann drinnen, erst ein, dann aus. Krautwickel werden von Frauen mit Lockenwicklern gewickelt. Wenn die Wickel im Topf fertig sind, nehmen sie die Wickler aus den Haaren. Dann wird gegessen und der Rock weiter gewickelt, weil er jetzt spannt.

Einen Weißkohlkopf 10 Minuten in Salzwasser leise sieden lassen, herausnehmen, etwas abkühlen lassen, dann die äußeren Blätter ablösen. Die Blattrispen flach schneiden. Aus 375 g gemischtem Hackfleisch, dem in Wasser eingeweichten und ausgedrückten Brötchen und 1 Ei einen Teig kneten. 1 gepellte Zwiebel fein würfeln, in 10 g Butter glasig braten, unter den Teig mischen, mit den Gewürzen abschmecken. Dann von der Fleischfüllung jeweils etwa 2 EL voll auf ein Krautblatt geben, zuerst die

Seitenteile über die Füllung klappen, dann das Blatt vom dicken Ende her zusammmenrollen. Jeden Krautwickel mit Küchengarn zusammenhalten oder mit Rouladennadeln fixieren. Die restliche Butter in einem Schmortopf erhitzen, die Krautwickel hineinlegen und anbraten. 1/8 Liter Fleischbrühe zugießen und den Topf schließen. Die Wickel etwa 1 Stunde garen, zwischendurch ein paarmal vorsichtig wenden. Dann herausnehmen, die Fäden entfernen und auf einer vorgewärmten Platte servieren. Dazu Salzkartoffeln oder Spätzle und die Schmorsauce reichen. Für Freunde des Cremigen mit etwas Speisestärke oder Sahne binden. Wickel, Wickel, hoi, hoi, hoi.

Guinnesskuchen

Von Jürgen Schneider

In Irland gilt Guinness als Mahlzeit, die den Vorteil hat, daß zu deren Verzehr kein Besteck vonnöten ist. Und manch ein irischer Flüssignahrungsfeinschmecker folgt der Maxime des Dandys und Schriftstellers Oliver St. John Gogarty (1878–1957): »Trink, bis du die Enten in deinem Seidel schwimmen siehst. Trink deine Leber ins Martyrium.« In Dubliner Krankenhäusern genießt Guinness den Ruf eines bewährten Mittels bei der Heilung bettlägeriger Patienten. Der Trunk helfe bei Schlaflosigkeit, Verdauungsstörungen und nervösen Erschöpfungszuständen. Die cleveren Werbestrategen des Hauses Guinness ersannen einst nicht umsonst den Spruch: A Guinness a day keeps the doctor away. In der ältesten Entbindungsklinik Europas, dem Rotunda Hospital am Dubliner Parnell Square, wird den Müttern Neugeborener seit jeher Guinness kredenzt, damit die Muttermilch fließt. Wozu also der Werbeslogan aus neuerer Zeit: Not everything in black & white makes sense?

Guinness? Seit mehr als zweihundert Jahren wird das dieselschwarze Bier mit der sahnecremigen Blume an der Liffey gebraut, an dem Fluß also, der den armen Norden der Stadt vom vornehm-piefigen Süden trennt. Aber nicht der Liffey-Dreckbrühe verdankt »Des Arbeiters Freund« (Flann O'Brien) seine schwarze Farbe, sondern dem zum Brauen verwendeten gerösteten Malz.

Guinness gibt es mittlerweile weltweit in 19 Versionen, und das Foreign Extra Stout wird in 55 Ländern verkauft und in Lizenz in 44 Ländern gebraut, der Alkoholgehalt der »landesüblichen Trinkstärke« angepaßt. Rund um den Globus fließen täglich zehn Millionen Pints (ein pint = 0,568 l) durch durstige Kehlen.

Längst hat sich herumgesprochen, daß sich Austern besser mit einem Glas Guinness als mit einem Weißwein hinunterspülen lassen. Auch die amtierende Miss Ireland schluckt das Glibberzeug auf diese Weise. Die Porter House Brewery in Dublins Amüsierviertel Temple Bar mischt ihrem exzellenten Oyster-Bier gleich frische Austern bei.

Die Grüne Insel gilt gemeinhin nicht als Reiseziel für Gourmets. Und dies, obwohl dort seit zwei Jahrzehnten eine kulinarische Revolution im Gange ist. Die nouvelle cuisine irlandaise kann es allemal mit der Froschschenkelküche aufnehmen. Letztere kennt nicht einmal Guinness als Koch- oder Backzutat. Hingegen finden sich Rezepte für Schweine- oder Lammfleisch in Guinness, Guinness-Malz-Weizenbrot, Rindfleisch mit Möhren, Zwiebeln und Guinness und selbst für eine Guinness-Hollandaise-Sauce in irischen Kochbüchern. In alten schon. Und auch der Hinweis auf die simple Zubereitung von Black Velvet fehlt dort nicht. Black Velvet besteht zu gleichen Teilen aus Guinness und Champagner. Der zur Versöhnung der sich antagonistisch gegenüberstehenden Klassen gedachte Schwarze Samt wurde zum Gedenken an Königin Victorias Gatten Prince Albert kreiert, der 1861 das Zeitliche segnete. Der Champagner steht für den nichtsnutzigen Adel, das Guinness für die arbeitenden Klassen.

Guinnesskuchen steht für Kalorienreichtum und erfreut sich in Irland neben der obligatorischen Gans oder dem Truthahn besonders zur Weihnachtszeit großer Beliebtheit. Guinnesskuchen ist so etwas wie ein irisches Pendant zum Christstollen.

Für Guinnesskuchen werden die folgenden Zutaten benötigt: 250 g Butter, 250 g feiner brauner Zucker, 300 ml Guinness, 250 g Rosinen, 250 g Sultaninen, 125 g Orangeat und Zitronat, 600 g Mehl, 1/2 TL Natron, 1 TL geriebene Muskatnuß, 1 TL Gewürznelkenpulver, 3 Eier, 150 ml Guinness extra.

Verfahren wird so: In einem Topf Butter, Zucker und Guinness langsam erhitzen und rühren, bis die Butter geschmolzen ist und sich der Zucker aufgelöst hat. Rosinen, Sultaninen, Orangeat und Zitronat zugeben, 15 Minuten köcheln und anschließend erkalten lassen.

Den Ofen auf 160 Grad vorheizen. Eine Backform mit etwas Butter ausstreichen. Mehl, Natron und Gewürze in eine große Rührschüssel sieben, die kalte Mischung und die geschlagenen Eier einrühren. Den Teig in die Form geben und im Ofen 2 Stunden backen. Mit einem Holzstäbchen prüfen, ob der Kuchen durchgebacken ist: Bleibt am Stäbchen kein Teig hängen, ist der Kuchen fertig. In der Backform 30 Minuten erkalten lassen. Den Kuchen herausnehmen, Löcher in die Unterseite stechen und 4–5 EL Guinness extra hineingießen. Den Kuchen in Aluminiumfolie wickeln und drei bis vier Tage ruhen lassen. Täglich auf die gleiche Weise weiter Guinness zugeben.

Gnocchi

No, not notschi. Niemals. Da spuckt der Prego-Prego-Italiener in die Suppe, wenn er die Bestellung hört. Denkt, der doofe deutsche Depp, hat in der Volkshochschule wieder mal nicht aufgepaßt. Recht hat er. Es heißt ja auch nicht Spadschetti. Das »h« verhindert, das »tsch« – linguistisch betrachtet. Auf der onomatopoetischen Ebene allerdings machen Notschi Sinn. Weil Notschi matschig-knatschig sind. Eine Art Kartoffelkaugummi zum Runterschlucken. Damit hat man was zu tun. Für kaufaule Breifresser ist das nichts. Man muß malmen und mampfen, sonst klemmt ein Klößchen in der Kehle.

Gnocchi sind so ein Zwischending. Würde eine Nudel einen Knödel knutschen, hätten sie sich richtig viel zu sagen, gleiche Interessen, und es würde kommen, was schließlich kommen muß – »Warst du damals auch so aufgeregt, als du das erste Mal in Steinpilzsauce lagst?« »Oh ja, laß uns jetzt zusammen liegen« –, dann würden sie den Nachwuchs Gnocchi nennen. Der wäre nicht so tumb und trampelig wie sein Knödelvater, aber auch längst nicht so zickig wie seine ständig verkochende Nudelmutter. Robust und doch zierlich, entschieden, aber freundlich – ein Gnocchi weiß, wo er im Leben steht. Auf der Seite der Sauce. Und zwar der schlichten. Ein Gnocchi will sich nicht aufdrängen, aber untergehen will er auch nicht.

Am liebsten hat er Salbeibutter und zwar erst recht, wenn er ein Kürbisgnocchi ist. Backofen auf 180 Grad vorheizen. Backblech mit Öl oder zerlassener Butter bepinseln. 500 g Kürbis in große Stücke schneiden und auf das vorbereitete Blech legen. 1 $^1/_2$ Stunden backen, bis er sehr weich ist, und etwas abkühlen lassen. Mark von der Haut abkratzen, harte und zu krosse Teile entfernen. Das Kürbismark in eine große Schüssel geben, 1 $^1/_2$ Tassen Mehl darübersieben, $^1/_4$ Tasse frisch geriebenen Parmesan und etwas gemahlenen schwarzen Pfeffer zugeben, alles gut mischen, und den Teig auf einer leicht bemehlten Arbeitsfläche mindestens 2 Minuten lang stramm durchkneten. Teig halbieren, jede Hälfte zu einer 40 Zentimeter langen Wurst rollen, in 16 gleich große Stücke teilen, jedes Stück zu einem Oval formen und mit den Zinken einer Gabel eindrücken. Hier nicht pfuschen: Gnocchi ohne Rillen sind wie Zebras ohne Streifen. Außerdem sind die Einkerbungen für die Offenheit der Gnocchi ihrer Sauce gegenüber essentiell. Wasser in einem großen Topf zum Kochen bringen. Gnocchi portionsweise ins Wasser geben und kochen, bis sie an die Oberfläche steigen. Dann noch weitere 3 Minuten kochen lassen, in ein Sieb gießen, abtropfen und eine kleine Weile warm halten. Jetzt 90 g Butter erhitzen, vom Herd nehmen und 2 EL frisch gehackten Salbei drangeben, 5 Minuten ziehen lassen. Dann Gnocchi auf Teller verteilen, Salbeibutter drauf, zusätzlich Parmesan drüber reiben, und 2 Blättchen Salbei im Ganzen auf jede Portion legen. Weil's einfach todschick aussieht. Dazu ißt man einen schönen einfachen grünen oder gemischten Salat. Oder hat ihn schon als Vorspeise verspeist. Zum Nachtisch macht man Nachwuchs mit dem netten Nachbarn. Oder was einem sonst so einfällt.

ICH HAB' HUNGER! WAS GIBTS ZU ESSEN?
HIMMEL UND ERDE.
KRAM SCHON MAL DAS REZEPT AUS DER SCHUBLADE

Himmel und Erde

Von Bernadette Hengst

Der Himmel über Ostwestfalen/Lippe sieht anders aus als der Himmel über Hessen. Ich weiß das. Ich war schon an beiden Orten, und der Himmel in Ostwestfalen ist furchterregender. Es fühlt sich anders an, unter ihm durchzugehen, und wenn der Regen von ihm runterfällt, dann wird man nie nur naß, sondern immer klatschnaß.

Auch die uralte Angst, daß uns der Himmel auf den Kopf fallen könnte, wurde in Ostwestfalen geboren. Es leben durchaus philosophische Gestalten in diesem Landstrich, die den feinen Unterschied kennen zwischen »Wo gehst du hin?« und »Wo gehst du her?«, wobei der letztere Ausdruck den Weg zum Ziel beschreibt.

Und es gibt nirgendwo auf der Welt eine solche erdige und alles verschlingende gefühllos-sentimentale Landschaft, wo der Ackerboden aussieht wie ein Grab. Die Gesichter der Dorfbewohner sind jahrhundertelang gepflügte Kartoffelfelder, in die man zum Düngen literweise westfälischen Doppelkorn hineingeschüttet hat. Man kann auf den geplatzten Äderchen der roten Apfelwangen die lippische Landkarte erkennen.

Und wenn der Ostwestfale von einem kilometerlangen Gewaltmarsch unter dem beängstigenden Himmel nach Hause kommt, dann wird in der guten Stube das uralte Rezept herausgekramt, das ihm wieder neuen Lebensmut gibt:

Man grabe Kartoffeln aus der Erde, pflücke rotwangige Äpfel von den Bäumen des Himmels und koche diese im Verhältnis zwei zu eins zusammen in einem Topf, wobei die Äpfel natürlich erst in den letzten 10 Minuten hineingeschmissen werden. Währenddessen gräbt man einen Sack voller Zwiebeln aus dem nahrhaften Boden und dünstet diese auf kleiner Flamme so lange, bis sie sich in ihrer Größe auf ein Fünftel reduziert und ein wenig Bräune dazugewonnen haben. Zum Schluß auch ein paar zu Scheiben geschnittene Äpfel dazugeben. Während die »Himmel und Erde«-Kombination langsam in sich zerfällt und alle Grenzen dieser Welt aufgelöst werden, werfe man Blutwürste in das heiße, aber nicht kochende Wasser. Die Würste haben je nach Region unterschiedliche Inhalte, die Norddeutschen lieben die Mischung von Deftigem mit Süßem, das heißt, es gibt auch Blutwurst mit Rosinen.

Die leckere »Himmel und Erde«-Mischung wird schließlich mit einem Stampfer zermalmt und mit Salz, Pfeffer und einer Prise Muskatnuß zu ihrer Vollendung gebracht. Alles zusammen auf einem Teller servieren und kurz vor dem ersten herzhaften Happen einen kräftigen Schluck aus der westfälischen Doppelkornflasche nehmen. Danach gibt es keinen Unterschied mehr zwischen Oben und Unten, Tod und Leben, Himmel und Erde.

Schmarrn

»Schmarrn«, hört man den Österreicher schnarren, wenn man ihm sagt, daß seine Mehlspeisen totale Dickmacher sind. Sind sie auch, da kann er knöttern wie er will, der Österreicher. Ausgerechnet beim Schmarrn, aus der Familie der Omelettes und Palatschinken, ist es aber nicht so schlimm. Viele Eier sind drin, das ist zwar Cholesterin, aber die moderne Forschung sieht das heute nicht mehr so eng. Ein Schmarrn sieht aus als wäre eine Bombe im Eierkuchen explodiert. Aber gerade das Fragmentarische am Schmarrn hat Charme. Er ist ein Essen für Schneidfaule. Ebenso wie Quark und Käse hat er die Degradierung zum Schimpfwort nicht verdient. Käse stinkt und Quark ist quarkig, aber muß man deshalb gleich ausfallend werden? Immerhin spart sich ein Schmarrnkoch das Einkaufen. Das bißchen Milch, Mehl und Eier hat er ständig im Haus. Das ist doch toll. Schmarrn sollte vom Klang des Abfälligen befreit und zum Synonym für »todgeil« werden. »Guck mal meine neuen Schuhe«. »Total Schmarrn ey!« Na also, geht doch!

Kaiserschmarrn (Standard): 250 g Mehl werden in $^1/_2$ Liter Milch unter Rühren zu einem dicken Brei gekocht. Nach dem Erkalten kommen 4 Eigelbe, eine Prise Salz und 4 steif geschlagene Eiweiße dazu. In 2 Portionen wird der Teig in einer Pfanne mit Butter zugedeckt goldgelb gebacken, nach dem Wenden mit der Gabel zerrissen und mit Puderzucker oder Zimt und Zucker bestäubt.

Die Wiener, die alten Sturköpfe, sehen das natürlich anders. Sie nehmen 150 g Mehl, geben eine Prise Salz, 1 EL Puderzucker und 3 Eigelbe dazu und verquirlen alles zu einem leicht flüssigen Teig. Den lassen sie 10 Minuten ruhen. Die 3 Eiweiße werden mit 1 TL Puderzucker sehr steif geschlagen und unter den Teig gehoben. In einer Pfanne mit Butter, unter Dreingabe von 50 g in Rum eingeweichten Rosinen, ausgebacken, gewendet, zerrissen und bestäubt.

Im Backofen geht's auch. Wenn was im Schmarrn drin ist, sogar besser: 8 Eigelbe mit 8 EL Zucker schaumig rühren 2 $^{1}/_{2}$ EL süßen flüssigen Rahm und 1 EL Sauerrahm, 350 g gesiebtes Mehl und zum Schluß 8 steif geschlagene Eiweiße unterheben. 500 g gut abgetropfte Kirschen einmengen. In eine mit Butter eingefettete runde Backform geben und bei 175 Grad $^{1}/_{2}$ Stunde im Ofen backen. Wieder zerreißen und bestäuben.

Im Burgenland hat man sich eine pikante Variante ausgedacht: Aus 250 g Mehl, 5 Eiern, 375 ml Milch und 4 EL süßer Sahne wird mit dem Schneebesen ein glatter Teig gerührt. Dann kommen eine Prise Salz und 120 g geriebener Emmentaler dazu. In einer Pfanne mit Butter zugedeckt backen, nach 10 Minuten wenden und in Stücke stoßen, weiter backen und wieder wenden. Dazu paßt Salat.

Weil das alles furchtbar schnell geht, billig ist und Zeit spart gönnen wir uns was: Legen uns ins Bett, lauschen unserem Herzschlag und gucken, was passiert. Ganz was Neues.

Morcheln

Von Christof Meueler

Schlauchpilze, dreht euch nicht um – der Morchelmörder geht um. Wenn es heuer dunkel wird, dann müssen die kleinen Pilze um ihr getrocknetes Dasein fürchten und oft ein zweites Mal sterben, nachdem sie von April bis Juni schon geerntet wurden. Das Pilzleben hat einfach keine Zukunft mehr, vermutlich weil man zu lecker schmeckt. Gerade um die Vorweihnachtszeit erhöht sich die Zahl der Morchelmörder, denn dann haben die Leute mehr Geld locker, die teuerste Pilzsorte zu kaufen. Greift der Morchelmörder gierig ins Delikatessenregal, kuscheln sich die gefangenen und getrockneten, steinförmig eingehutzelten Pilze schreckhaft aneinander, wohl wissend, daß ihr Ende naht – es sei denn sie werden über Monate als Küchenvorrat gebunkert. Meist müssen sie aber hilflos erleben, wie an ihnen herumgefingert wird. Anschließend werden sie wie der von ihnen abfallende Dreck behandelt und in ein nichtmetallisches Behältnis gefüllt und mit kochend heißem Wasser übergossen, damit die ihnen entzogene Feuchtigkeit in sie zurückkehren kann. Der Morchelmörder läßt ihnen dafür sadistisch viel Zeit. Drei Stunden reichen, sechs sind besser. Der Morchelmörder läßt sie sich schwer und bewegungslos saugen, bevor er sie kopfüber in einen Topf wirft, in dem er vorher Schalotten in Butter angedünstet hat. In der Nachbarschaft verlieren die schon aufgesetzten Spaghetti ihre strenge steife Form. Die ganze Küche ist vom Gejammer geschundener Gottesgeschöpfe erfüllt. Der Morchelmörder leckt sich abschmeckenderweise die Lippen und malträtiert seine Pilzopfer mit Pfeffer und Salz, einer luxuriösen Prise Safran, etwas Madeira und abschließend einem Becher saurer Sahne. Die Spaghetti kocht er al dente, gießt sie ab, ohne sie abzuschrecken, gibt ihnen Butter und läßt sie nicht lange alleine. Marsch, marsch in den Topf zurück, die Morcheln dazu – und im Mund werden die Morcheln dann gemeuchelt.

Schwarzer Hase

Seinen Spaß hat er gehabt. Vier Tage fett im Rampenlicht. Hat sich begackern und beklatschen lassen. Hat die Kohle eingesackt und dann das Weite gesucht. Ringsherum Knöddel liegenlassen. Hat sich benommen wie die Hunde auf Berlins Straßen: alles vollgekackt. Wo man geht und steht, überall kullern die Dinger rum. Roll over Ostereier. Stolpersteine in Glitzerpapier. Lebensgefährlich. Bricht man sich nicht die Rippen, drohen Marzipanmanie und Schokoschock. Das Zeug muß weg. Die Dreckarbeit bleibt mal wieder an uns hängen. Das Entsorgen von staubtrockenem Blätterkrokant erledigt sich wie von selbst: Wir besprühen die Eier mit dem stinkenden Billig-Parfüm, das uns Tante Margret zu Weihnachten geschenkt hat, und stopfen sie als Mottenkugeln in die Taschen der Wintermäntel. Doch was geschieht mit den Halbbittereiern, den Nougathappen und den Eierlikörbomben? Der Hase hat sich aus dem Staub gemacht. Doch denkste, Meister Lampe, wir stellen dir ein Bein und fangen dich Drecksack ein. Jammern ist zwecklos. Professionelle Hasenhändler kennen keine Gnade. Einen solchen suchen wir auf und verlangen nach einem in Vorder- und Hinterläufe sowie vier Rückenteile zerteilten Hoppelhengst, werfen den gefüllten Unsinn in den Müll, bewahren die solide Halbbitterware zur posthumen Bestrafung des Wald- und Wiesentieres auf. In seiner eigenen Eiersauce geschmurgelt schmeckt der Osterhase die Sinne betäubend gut und ist dabei ein angemessen leichtes Frühlingsmahl. Fett ist an dem Vieh nicht dran, das viele Rennen hat ihm eine boygrouptaugliche Figur verschafft: Viel Arm, viel Bein, imposanter Brustkasten und untendrunter Waschbrettbauch, aus dem wir die Innereien entfernen und kühl stellen. 200 g Zwiebeln in Würfel schneiden, 2 getrocknete Chilischoten zerbröseln und mit 1 EL Rosmarinnadeln, 15 schwarzen Pfefferkörnern und 5 Lorbeerblättern auf das Hasenfleisch streuen, in eine Schüssel geben und 1/4 Liter trockenen Rotwein und 1/8 Liter Rotweinessig drübergießen. Marinieren über Nacht, einmal wenden, wenn es sein muß, Wecker stellen. Dann raus aus der Marinade und abtrocknen. 100 g Schweineschmalz im Bräter erhitzen, die Teile rundum anbraten, salzen und die Marinade zugießen. Im Backofen bei 225 Grad 45 Minuten schmoren. Inzwischen eine unbehandelte Orange abreiben und auspressen, 50 g durchwachsenen Speck fein würfeln, 5 EL Öl in einer Pfanne erhitzen und den Speck und 50 g Pinienkerne darin bräunen. 2 gepellte Knoblauchzehen dazupressen, Orangenschale und -saft sowie 50 g Sultaninen zugeben, kurz durchkochen und vom Herd nehmen. 30 g Edelbitter-Schokoeier feinhacken, in die Sauce rühren, wieder kurz durchkochen. Die Hasenfragmente weitere 10 Minuten garen, dann mit Zwiebeln und Lorbeerblättern auf einer vorgewärmten Platte anrichten und zugedeckt warmstellen. Schmorfond durch ein Sieb in die Schokoladensauce gießen, durchkochen. Etwas Sauce über das Fleisch gießen, den Rest getrennt zur Selbstbedienung nach Gusto auf den Tisch. Im letzten Moment Leber und Nieren in Butter kurz braten, salzen, pfeffern und mit dem Fleisch zusammen servieren. Reis rutscht gut dazu runter, vielleicht auch ein einfacher grüner Salat. Der Hase ärgert sich schwarz, und wir freuen uns blöd. Die Rache ist unser, und sie ist Gott sei Dank keine Leberwurst.

Cajun-Suppe

Von Franz Dobler

Im Süden der USA, in Louisiana, gibt's einen Landstrich namens Cajun-Country. Bis weit ins 20. Jahrhundert war das eine Art schwarzes Loch in den Staaten. Es gab nicht nur (bis 1973!) keine ordentliche Verkehrsanbindung zum größten Sumpfgebiet des Kontinents, sondern die Bayous wurden auch noch von Gestalten bevölkert, die ihre eigene Sprache hatten, ein Gemisch aus Englisch und Französisch, das Cajun-French. Vor den Engländern aus Kanada fliehende französische Auswanderer hatten sich Ende des 18. Jahrhundert in der wenig besiedelten, unwirtlichen Gegend niedergelassen und sie kulturell dominiert. Die Afroamerikaner dort nennen sich bis heute French People.

Die Ölindustrie, die das Land mit den Staaten erst richtig verbunden hat, spielt kaum noch eine Rolle – der Tourismus ist schon länger der wichtigste Wirtschaftszweig. Hauptsächlich aus allen Teilen der USA kommen die Busladungen, um sich in der bizarren Landschaft eine Dosis traditionelle Musik und Essen zu holen. Die Cajun-Leute, egal welcher Hautfarbe, sind sehr unamerikanisch, »let the bon temps rouler!« heißt ihre Philosophie, hau weg die Party. Zu Cajun-Music oder zu Zydeco (der Afro-Variante) schmeißt man sich über den Tanzboden (oder dem Partner eng ans Herz), und das Essen ist so scharf wie fetthaltig: Gumbo und Jambalaya. Eintöpfe, die in jeder flotten deutschen Großstadt angekommen sind, wenn auch in ihrer sogenannten ernährungsbewußten Variante und in Lokalen, die im falschverstandenen Sinn gepflegt sind: schick-exotische Ruhegebiete gegen schweißtreibenden Volksmusiklärm. Also machen wir zur Abwechslung eine einfache Cajun-Kartoffel-Zucchini-Suppe. Du brauchst dazu kaum mehr als drei Freunde, die ein brüllendes Akkordeon schätzen,

"JETZT HAB' ICH ABER HUNGER!"

und zuvor etwas Zeit, denn als Grundlage ist ein Geflügelfond nötig, der wenigstens 4 Stunden köchelt mit Inhalt: 1 kg Geflügelsuppenkram (keine Leber!), 1 Zwiebel, 1 Stange Bleichsellerie, 1 Knoblauchzehe, 1 ungeschälte gelbe Rübe, 1 Stengel Petersilie – alles geschnitten – und 5 Pfefferkörner. Damit am Ende 1 Liter Flüssigkeit da ist, sollten es am Anfang 2 sein. Die Zutaten werden nicht weiter verwendet, also nimm ein Sieb zuletzt. Nun die eventuell gute Nachricht: Du nimmst statt dessen Suppenwürfel. Anstelle von drei guten Freunden würde ich aber niemand nehmen.

Du hast die Basis, jetzt geht's los: In einer Pfanne bei mittlerer Temperatur 25 g Butter zerlassen, dann 100 g gehackte Zwiebeln und 1 feingeschnittene Knoblauchzehe reingeben, bis die Zwiebeln weich sind. Die 4 in Würfel geschnittenen, ungeschälten Kartoffeln dazugeben und 8–10 Minuten garen. Dann etwa $^1/_4$ der Kartoffelstücke wegnehmen und warm stellen, und die in Scheiben geschnittenen 3 Zucchinis reinwerfen und 3 Minuten garen. Jetzt brauchst du den liebevoll hergestellten Geflügelfond. Er kommt in einen Topf zusammen mit: 1 Messerspitze Cayennepfeffer und ebensoviel scharzem Pfeffer, 1 TL Paprika und je $^1/_2$ Thymian und Basilikum; Salz nach Belieben. Dann wird alles aus der Pfanne in den Topf gegeben, aufgekocht und zirka 40 Minuten bei kleiner Hitze weitergekocht. Zuletzt kommen 175 ml Sahne und der Pürierstab.

In die Teller werden die zuvor weggenommenen Kartoffelwürfel verteilt und drüber kommt die Suppe – denn so sieht's am schönsten aus. (Mögliche Fehlerquellen: zu wenig, zu wenig scharf und zu wenig Bier). Und damit rollen wir uns mal wieder auf die gute Seite des Lebens.

Gurkengemüse

Die Gurke ist keine Gurke. Studenten und Deutschlehrer haben es sich in den Kopf gesetzt, daß Gurke ein Schimpfwort sein soll. »Vollidiot« scheint ihnen nicht geistreich genug, obwohl das Latein ist und Gurke nur ein unschuldiges Gemüse. Die Gurke wird verharmlost, verniedlicht, verhohnepipelt. Sie hat die Ungerechtigkeiten leid. Dahinter steckt nur Penisneid. Ganz klar. Keine Gurke gleicht der anderen, und doch hat jede große Gurke was, was andere gerne hätten. Mann oder Gemüse – die Frage erscheint in völlig neuem Licht.

Der Gurkenkauf ist Männern peinlicher als ein Ständer im Freibad. Frauen ganz und gar nicht. Mit Freude packen sie zu, tragen das gute Stück in die heimische Küche und jagen es mit liebevoller Gewalt über den Gemüsehobel. Geschnitten und geschreddert, gedemütigt gewissermaßen, schmeckt die Gurke auch dem Mann. Aber keine Feigheit vor dem Phallus, die Gurke ist leicht kleinzukriegen. Noch das stumpfeste Messer schneidet durch die Gurke durch. Sie schmeckt in jedem Zustand: roh oder gekocht, eingelegt oder frisch, warm oder kalt. Nur ein bißchen Salz und Butter und sie ist der ideale Brotbelag. Als mit Joghurt-Mayonnaise-Dressing verseuchter Salat wird die Gurke oft vermurkst. Dazu gehört Gemeinheit, denn die Gurke ist gut: Geschmort mit Hackklößchen zum Beispiel. 300 g Rinderhack mit 2 EL Semmelbrösel, 1 Ei, Salz, Edelsüßpaprika und Pfeffer verkneten und aus dem Teig kleine Klöße formen. 1 kg Gurken schälen halbieren und die Kerne mit einem Teelöffel herauskratzen. Die Gurke in Stücke schneiden. 2 Zwiebeln in Würfel schneiden und in 40 g Butter glasig braten, Gurken 5 Minuten darin dünsten,

1 Becher Crème Fraîche und die Hackklößchen dazu, mit Salz und Pfeffer würzen und im geschlossenen Topf bei kleiner Hitze eine Viertelstunde schmoren. Mit gehacktem Dill bestreuen und mit Kartoffeln oder Reis servieren.

An den letzten heißen Sommertagen kann kalte Knoblauch-Gurken-Suppe köstlich sein. 5 Knoblauchzehen schälen, mit Salz im Mörser zerstoßen, 5 Schalotten schälen und reiben und unter den Knoblauch mischen. 1,2 Liter Weißwein, 0,5 Liter Milch und 250 g Rahmjoghurt in einem Topf aufschlagen und die Knoblauch-Schalotten-Paste unterrühren. 500g kleine Gurken waschen, eine davon in dünne Scheiben hobeln, die übrigen raspeln. Raspel in die Suppe rühren, Schale und Saft einer halben Zitrone zugeben, mit Pfeffer, Salz und 1 TL Ahornsirup würzen, mit den Gurkenscheiben anrichten und mit dem besten Freund der Gurke, dem feingezupften Dill bestreuen. Und nach dem Essen, erstmal eine rauchen.

Schweinsbraten

Von Wiglaf Droste

Schweinsbraten klingt nach Bayern, und wie Bayern funktioniert, wo der autoritäre Charakter sich selbst als Rebell abfeiert, das definiert der Vortragskünstler Gerhard Polt auf seiner CD »Der Standort Deutschland«: »Und ins Angesicht unseres Gastes, des hochverehrten Ministerpräsidenten Dr. Edmund Stoiber, erlaube ich mir noch zu sagen: Wir leben in Bayern in einem Freistaat. Wir brauchen keine Opposition, weil wir sind schon Demokraten. Und ich möchte darauf hinweisen: In diesem Land – wir sind eine Demokratie – wird kein Mensch gezwungen, eine Minderheit zu sein. Ein jeder hat das Recht, in diesem Land sich öffentlich zur Mehrheit zu bekennen und sich hier anständig aufzuführen. Und wenn er das macht, kann er in Ruhe auch einen Schweinsbraten essen und ein paar Bier dazu trinken.« Was den Schweinsbraten aber nicht verdirbt, es sei denn, er wird so serviert wie häufig im Lokal: trocken und in einer Tunke, die ausschließlich und penetrant nach Kümmel schmeckt, wozu dann sehr gut die Kochbeutelknödel passen. Eine Plastiktüte aufreißen und den Inhalt in heißes Wasser kippen, könnte ich auch, tue dies aber nicht; wahrscheinlich muß man gelernter Koch und sozusagen vom Fach sein, um vor keinem kulinarischen Verbrechen mehr zurückzuscheuen.

Es geht aber auch anders: Den Krustenbraten salzen und pfeffern und in einem großen Eisentopf anbraten. Anschließend mit $^{1}/_{2}$ Liter Malzbier begießen. Mohrrüben, gelbe und rote Paprika und nicht zu wenige Zweige frischen Rosmarin hinzufügen, und den Braten im geschlossenen Topf in den vorgeheizten Backofen schieben. Je nach Größe des Bratens 75 bis 90 Minuten schmoren lassen; der Braten sollte innen rosa und saftig sein. Die Rosmarinzweige entfernen, das Gemüse im Sud pürieren und mit etwas Sahne abschmecken – das ist die Sauce. Den Braten in dünne Scheiben schneiden, dazu gibt es frische Nudeln, grünen Salat und ein gescheites Bier. Zum Nachtisch basteln Sie eine Briefbombe an Alfred Biolek, weil er in seiner Kochangebersendung wieder die Haupt- und Lieblingsvokabel aller Abgestumpften und Verdorrten verwendet hat: »sinnlich« bzw. »Sinnlichkeit«.

Schmutziger Reis

Schluß mit Larifari. Diese Dösigkeit, die einem mit jedem Jahreswechsel erfaßt, macht launisch. Winter, Frühling, Sommer, Herbst – heute so, morgen anders, Sonne, Regen, Schnee und der ganze Unsinn, alles nervt. Ein schöner Streit bei einer guten Mahlzeit reinigt das System. Dazu braucht es einen eßbaren Einheizer, der doppelbödig ist, verwegen, raffetückisch. Wir laden Leute ein, richtige Reizkandidaten. Keine Idioten oder Unsympathen, sondern solche, die Konfliktbedienung brauchen. Wichtigtuende Weicheier, die die Welt erklären wollen. Widerspruch tut not und, wir bekennen Farbe: Wir kochen schmutzigen Reis. Das ist ein traditionelles Gericht der Cajun-Küche.
Die stammt aus Louisiana, wo sich Indianer, Spanier, Franzosen und Afrikaner trafen und in die Töpfe taten, was sich fand. Das war allerhand und total abgefahren. Fisch und Fleisch, Krebse und Kaninchen, Huhn und Hummer in gemixten Gewürzen und gemischten Gemüsen. Das Cajun-Gewürz steht vorbereitet im Schrank: Je 1 EL Knoblauch- und Zwiebelpulver, je 2 TL weißer Cayenne- und grob gemahlener schwarzer Pfeffer, 2 TL Thymian und $^{1}/_{2}$ TL Oregano. Cajun-Gemüse: 1 große Zwiebel, 1 grüne Paprika, 2 kurze Stangen Sellerie, das Ganze fein gehackt. Roux: Gleiche Teile Öl und Mehl bereitstellen. Öl in einer Pfanne erhitzen. Wenn es sehr heiß ist, ein Viertel des Mehls einstreuen und mit einem Schneebesen unterrühren. Weiterkippen, weiterrühren bis es rotbraun ist, Vorsicht: angebrannt schmeckt's bitter. In Alufolie kann's im Kühlschrank eine Zeitlang halten.

Jetzt entschlossen ran: 450 g Cajun-Gemüse mit 2 gehackten Knoblauchzehen in 30 g Butter andünsten

WAS MIR SPONTAN BEI "SCHMUTZIGER REIS" EINFÄLLT? REIS GEHT IN DIE MUSCHI.

und beiseitestellen. 180 g Hühnerleber und 250 g Schweinehack in wieder 30 g Butter scharf anbraten, das Gemüse dazugeben und 2–3 Minuten mitkochen. 2 EL Roux, 1 dicken Hühnerbrühwürfel, ordentlich Tabasco, 2 TL Cajun-Gewürze, 500 g Langkornreis und 750 ml Hühnerbrühe einrühren. Nochmal pfeffern, ruhig übertreiben, Schärfe macht scharf, das ist der Sinn der Übung. Aufkochen und 20 Minuten köcheln lassen. Gut durchgerührt, mit gehackten Frühlingszwiebeln, hartgekochten, geviertelten Eiern, gewürfeltem Schinken, gekochtem Hühnerfleisch, Garnelen oder roten Bohnen servieren. Oder mit allem zusammen. Gegessen wird, was auf den Tisch kommt, und gehört wird, was die Köchin auflegt: Beau Jocque & Zydeco Hi-Rollers »It's so easy when you're breezing«. Wer die Nase rümpft, kriegt gleich eins drauf. Ordentlich, aber nicht unmäßig trinken, die Zunge muß beweglich bleiben. Dann die Thesen tanzen lassen, durchdrehen mit Diskursen: die neue Blumfeld, der alte Rodriguez, Beatles oder Stones und zum Schluß die Stammheimmorde. Darf ruhig ein Standardeinstieg sein. Hauptsache es wird laut. Geschwätz wird nicht geduldet, Harmonie hat heute Hofgang. Wer mag, darf gern persönlich werden, Gürtellinien hängen hoch. Wenn's schreiend scheppert, werden wir zurückgelehnt, gelassen. Wir essen schmutzigen Reis und lachen laut und dreckig.

Manti

Von Selim Özdogan

Wenn wir früher im Urlaub zu meiner Oma nach Anatolien fuhren, gab es am ersten Tag immer eine Art Zucchini-Eintopf, weil mein Vater das so gerne mochte. Am zweiten oder spätestens am dritten Tag gab es Manti, weil das mein Lieblingsessen war: Nudeln in einer Joghurtsoße, darüber in Butter und Paprikamark angebratenes Hackfleisch und ganz oben drauf gehackte Petersilie. Es dauerte lange, bis ich dahinterkam, daß meine Oma mogelte. Manti waren ursprünglich eine Art Ravioli, das Hackfleisch gehörte in die Nudeln rein und nicht oben drauf. Den Nudelteig machte man traditionell selber und eine gute Hausfrau bekam die Manti so klein hin, daß vierzig davon auf einen Holzlöffel paßten.

Aber wer will sich schon diese Mühe machen, dachte ich und kochte jahrelang Manti nach dem Rezept meiner faulen Oma, bis ich jemanden kennenlernte, der nicht nur gerne genug kochte, um alles selber zu machen, sondern auch noch eine ganz eigene, sehr schmackhafte Variante entwickelt hatte. Man nimmt für 4 Personen 1 Kilo Mehl, eine Prise Salz und soviel Wasser, daß man einen festen Teig kneten kann, etwa die Konsistenz von Pizzateig. Den Teig läßt man eine halbe bis eine ganze Stunde ruhen. 200 bis 300 g Rinderhackfleisch werden mit etwas Salz, Pfeffer – je nach Geschmack Chilipulver – und fein gehackter Petersilie vermengt. 2 oder mehr gepreßte Knoblauchzehen in einem Becher (500 g) Joghurt verrühren, eventuell etwas Wasser hinzufügen, damit der Joghurt dünner wird.

Der Teig wird mit einem Nudelholz möglichst dünn ausgerollt. Zuvor Nudelholz und Tischplatte mit reichlich Mehl bestäuben, um spätere Schwierigkeiten zu vermeiden. Am besten versucht man, ein langes

Oval hinzukriegen, auf dessen eine Hälfte man nun in Abständen kleine Portionen Hackfleisch legt, im Durchmesser etwa doppelte Reißzweckenkopfgröße. Dann die andere Hälfte des Teiges drüberklappen und mit einer Filmdose – so mache ich es zumindest immer – Manti ausstechen. Und jetzt nicht, wie man glauben könnte, in kochendes Wasser schmeißen, nein, auf ein mit Backpapier ausgelegtes Blech geben, und dann im auf 200 Grad vorgeheizten Backofen zirka 20 Minuten backen, bis die Manti einen leichten Braunton bekommen. In der Zwischenzeit etwas Butter erhitzen und Paprikamark oder edelsüßes Paprikapuler hinzugeben.

Die warmen Manti in tiefen Tellern servieren, reichlich kalte Joghurtsoße drübergeben, dann die Paprikabutter und ganz obendrauf ein wenig Minze. So schmeckt es viel knuspriger und besser als die herkömmliche, gekochte Variante, und es ist ein ganz pastaunübliches Eßgefühl. Zu zweit, wenn man die Ruhezeit des Teiges außer acht läßt, kann man das in etwas über einer Stunde zubereiten. Und wie oft steht man eine Stunde in der Küche und am Ende kommt nur so ein Zucchini-Eintopf dabei raus, weil man stundenlang Gemüse geschnippelt hat.

Plattes Huhn

Hast du wieder Fleisch gegessen, du bist so aggressiv?« war eine in den alternativen Wohnküchen der 70er und frühen 80er Jahre gern gestellte Frage. Eine völlige Verkehrung der wahren vegetarischen Verhältnisse, denn Tote-Tiere-Abstinenzler sind eher von der aggressiven Art: Sie mäkeln, mosern, machen schlechte Stimmung. Verstehen kann man das, kennt man ihren Werdegang. Steht Fleischfreies nicht auf der Karte, kommt der Koch persönlich zum Patienten, serviert Extragänge, die nicht schmecken, doch dafür gehaltvoll sind. Statt Kalbsmedaillons liegen Spiegeleier auf den grünen Bohnen, auch der Körnerkrampf kickt nicht. Die fleischlos Glücklichen kriegen Groll und werden grantig. Was böte sich zur Bestrafung besser an als das tote Tier, das man nicht essen will? Wahre Vegetarier machen gerne rum mit Leblosem, sie quälen, foltern, martern es. Haben sie erstmal zugepackt, sind sie kaum noch zu beruhigen.

Wir können davon profitieren. Wir kochen plattes Huhn, Pollastrello al mattone, ein in der Toskana und in Rom beliebtes Traditionsgericht. Wir besorgen ein junges fleischiges Hähnchen und bestellen einen Vegetarier mit mindestens zehn Jahren Verzichterfahrung in die Küche, drücken ihm eine Geflügelschere in die Hand und lassen ihn den Rückenknochen des Vogels der Länge nach durchtrennen. Dann sehen wir weg, während der Vegetarier das Hähnchen platt drückt, bis es kracht. Wir reißen ihn von seinem Opfer fort und weisen ihn an, es zu waschen, zu trocknen, innen und außen mit Salz und Cayennepfeffer einzureiben, Keulen und Brust mit einem spitzen Messer einzuschneiden und mit Rosmarinnadeln zu spicken. Wenn er dabei wohlig stöhnt, macht er es richtig. Der

LADE DEINE FREUNDIN DOCH MAL ZUM ESSEN EIN. LIEBE GEHT DURCH DEN MAGEN!
VATI UND ICH HATTEN DAMALS PLATTES HUHN.

Ofen sollte jetzt bereits auf 200 Grad vorgeheizt und ein Bräter ölig ausgepinselt sein. Wir wickeln einen Ziegelstein in Alufolie, drücken ihn dem Vegetarier in die Hand und lassen ihn das Huhn unter dem Stein bestatten. Während es 60 Minuten schmurgelt, geben wir dem Helfer Alkoholisches zu trinken und erklären, daß auch wir sehr selten Fleisch verkonsumieren. Fast überhaupt nicht, die Leberwurst im Kühlschrank hat der letze Lover liegenlassen, und der war sowieso ein Schwein. Bis dahin ist die halbe Garzeit um, wir mischen den Saft einer Zitrone mit 3 EL Olivenöl und pinseln die Leiche damit ein. Zur Entspannung lassen wir den Vegetarier 800 g Mangold putzen und in fingerdicke Streifen schneiden. Wir erhitzen 3 EL Olivenöl, geben 2 gehackte Knoblauchzehen rein und mogeln unbemerkt 3 zerdrückte Sardellenfilets dazu. Rasch folgen geschälte, zermanschte Dosentomaten, die wir 15 Minuten offen kochen lassen, bevor wir den Mangold, erst die Stiele dann die Blätter, zugeben. Noch mal 8 Minuten auf der Flamme lassen, mit Salz und Pfeffer abschmecken. Inzwischen ist es Zeit für Wiederauferstehung, das Huhn will an die Luft. Wir lassen es. Wir gießen das Fett ab und lösen mit 100 ml Weißwein den Bratensatz, lassen die Sauce kurz durchkochen, schwenken kalte Butterflöckchen ein, schmecken nochmals ab und gießen sie aufs Huhn. Frisches Weißbrot steht bereit. Doch bevor wir uns den Gästen gastronomisch widmen, schwenken wir bedrohlich lächelnd ein Linda-McCartney-Kochbuch und singen schrill und schief »Mull of Kintyre«. Türmt der Vegetarier nicht, darf er sich ein Rührei braten und besinnungslos betrinken.

Bastaschutta

Von Ludwig Lugmeier

Ein Hotel in Wien, Etagenklo, hohe Zimmer mit klammen Betten, ein Geruch, kalt, kalkig, alt und ihre Stimme: »Da oben hab' ich gewohnt. Nachts sind wir runter in die Küche. Ich hab' gewußt, wo der Schlüssel war.«

Sie wußte noch, welche Stufen knarrten. Sie knarrten immer noch. »Ein feudales Hotel«, hatte sie gesagt. »Wien. Ein feudales Hotel. Es war ein sehr feudales Hotel in Wien.«

Wien, feudal, Hotel. Diese Worte hatten es ihr angetan. Noch als wir losfuhren. »Ein sehr feudales Hotel war das. Mit feinen Herrschaften.« Das war ein Jahr bevor sie starb.

Wir fuhren von Linz aus mit einem Raddampfer mit zwei Kaminen. Der dampfte die Donau runter am Kloster Melk vorbei durch die Wachau. Ich mußte schauen, weil das ein weltberühmtes Kloster ist und auf den Weinbergen ein Wein wächst. Ich hätte lieber Jerry Cotton gelesen. In Wien nahmen wir einen Bus. Der war rot, alt, klapperte und hatte eine Schnauze wie eine Bulldogge. Das Hotel lag in weiß Gott welchem Bezirk. Sie sagte: »Das ist es.« »Feudal«, sagte sie nicht mehr, glaub' ich.

Da kamen sie her, ihre Spaghetti Bolognese. Aus dieser Küche. Wir steckten die Köpfe durch die Tür. Der Koch hatte ein Mopsgesicht. Auf dem Herd dampften ein paar Töpfe. »Bastaschutta«, sagte sie. »Nudeln mit Tomatensoße«.

Ein Glück kroch aus dem Topf, breitete sich aus. Mein Glück: Draußen regnet's auf Teufel komm raus, und ich sitz' in der Küche und freß' Spaghetti für drei. Meine Trauer als sie im Sarg lag: Ich krieg' nie wieder was Gescheites zu essen. Ich heulte wie ein Hund.

In der Folgezeit aß ich alles mögliche. Auch Raupen und Hunde. Aber nie Katzen! Einmal war ich

Schiffskoch. Das Pack haßte mich. Jahre später begann ich zu suchen. Ich studierte Kochbücher, experimentierte mit Möhren, Sellerie, Zwiebeln, Knoblauch, Brühe, Rotwein, würzte mit Basilikum, Thymian, Kräutern der Provence, Rosmarin, Cayennepfeffer, zuckerte die Schärfe mit Honig weg.

Meine Soße wurde nie meine Soße. Bis zu dieser Kochsendung in der BBC. Eine richtige Küche, mit Gasherd, eingebeulten Tiegeln, und der Koch sprach Englisch wie in Little Italy.

Die Soße ist so einfach, ich genier' mich fast. Aber besser geht sie nicht. Alles Mehr ist weniger. Das mit dem Knoblauch überlaß' ich Ihnen. Ich nehm' keinen. Aber wenn Sie unbedingt wollen, meinetwegen. Ich nehm' trotzdem keinen. Also lassen Sie das besser auch mit dem Knoblauch. Aber wie gesagt: meinetwegen. Eine Zehe, nicht mehr.

Olivenöl erst mal im Soßentopf erhitzen. Dazu ein Stückerl Butter. 1 kleingehackte Zwiebel darin glasig dünsten. 400 bis 500 g gemischtes Hackfleisch mit der Gabel schön reindrücken, bis es mit der Zwiebel vermengt ist und ein bißchen unappetitlich grau und körnig wird. Kräftige Prise Salz. Eine große Dose geschälte Tomaten dazu. Etwas Tomatenmark. Wenn die Soße eindickt, Weißwein zugeben. (Weißwein! Keinen Roten. Das ist Kitsch.) Und jetzt lassen Sie die Soße brodeln, auf kleiner Flamme. Drei Stunden. Keine Sekunde weniger. Drei Stunden, dann verstehen Sie, was ich hier geschrieben hab'.

ICH DACHTE, ICH KOMME NACH HAUSE UND DU SITZT VORM FERNSEHER, TRINKST BIER, ISST CURRY-HUHN UND PUPST IN DIE KISSEN. UND WAS SEHE ICH? ICH SEHE, ICH MUSS UMDENKEN.

Curry

Der Engländer läßt sich ein Curry kommen, wenn er am Abend vor dem Fernseher Bier trinken und in die Kissen pupen möchte. Die Trainingshosen-Cowboys in Deutschland essen immer noch Pizza vom Lieferdienst. Die sind noch nicht so weit. Bei ihnen um die Ecke leben nur wenige Inder. Und die wenigen müssen so tun, als wären sie Italiener, damit sie ihnen Pizza backen dürfen. Was anderes essen die nicht. Dabei ist Curry mindestens so lecker wie Pizza. Curry ist im weitesten Sinn alles, was in kleine Stücke geschnitten in Sauce schwimmt, die mit Zutaten aus Indien gewürzt ist. Manche Currys blähen fürchterlich, andere wieder gar nicht. Und bei den Engländern ist das sowieso egal, weil die schon Bohnen in Tomatensoße frühstücken. Je nachdem, mit wem man auf der Couch Platz nimmt und wie die Pläne sind, sollte man aber variieren. Schön am Curry ist, daß man Fleisch hineintun kann, wenn man will. Huhn, Lamm oder Rind – alles ist möglich. Allerdings schmeckt das Curry dann immer nach Huhn, Lamm oder Rind. Gemüsecurrys sind prickelnder, denn da spielen die Gewürze die allererste Geige. Zum Beispiel Curry. Das kennt jeder. Man spricht es Körri aus. Nicht wie das Gericht, das man Karri nennt mit englisch rollendem R. Körri ist eine Mischung aus verschiedenen Gewürzen. 6 getrocknete Chilischoten, 3 TL Koriandersamen, 1 TL schwarze Senfsamen, 2 TL Kreuzkümmelsamen. 1 TL schwarze Pfef-ferkörner, 1 TL Bockshornkleesamen, 20 getrocknete Curryblätter (ähnlich wie Lorbeerblätter), 2 EL Kurkumapulver. Alles zusammen in einer elektrischen Kaffeemühle fein mahlen. Egal was man damit würzt, es schmeckt hinterher immer besser. Das ist einfach. Zu einfach.

Deshalb kommt jetzt ein Karri ohne Körri. Und ohne Blähgefahr. 500 g Okraschoten waschen, Spitze und Stielansatz abschneiden und in 2 Zentimeter lange Stücke, 2 Zwiebeln und 2 Knoblauchzehen fein, 4 mittelgroße Tomaten in kleine Viertel schneiden. Ein Stück frischen Ingwer fein reiben. Ghee (indisches Butterfett, Öl geht auch) in einem Topf erhitzen, Zwiebeln, Knoblauch und Ingwer anbraten, 1 TL Kreuzkümmelpulver 1 TL gemahlenen Koriander, $^1/_2$ TL Kurkuma, 1 TL Paprikapulver, etwas Chilipulver, wenige frisch gemahlene Fenchelsamen 3 bis 4 Minuten rösten. Die Okras hinein und 3 Minuten anbraten. Tomaten, Salz und eine Dose Kokosmilch dazu, verrühren und aufkochen, Hitze reduzieren und 25 Minuten köcheln lassen.

Am besten schmeckt Reis dazu. Brot geht auch. Indisches Brot, Naan oder Chapati. Aber Reis ist besser, weil man ihn so gut mit der dicklichen Sauce mischen kann. Heraus kommt ein Brei mit Brocken. Den löffelt man, ohne hinzugucken, starrt weiter in den Fernseher. Das steigert das Kleckerrisiko und damit auch den Sofathrill. Hat man erst mal Flecken auf Hemd und Hose, kann man sie ausziehen, abschalten und zum interessanten Teil des Abends übergehen.

Handkäs mit Musik

Von Sergej Jensen

Bembelmania, Bembelterror, Bembelraver. Apfelwein, Äppelwoi, Äbbelbäbbel. For Äppler young.

1998, Wiederaufstiegsfeier. In Frankfurt am Main, der Stadt, in die keiner freiwillig zieht, kracht's gewaltig. Spontis und Adlerfrontleute liegen sich in den Armen. Birmingham, unsere englische Partnerstadt kann auf »Judas Priest« verweisen, wir dagegen auf die »Rodgau Monotones«, (»Erbarme! Zu Spät! Die Hesse komme!«), die ihren alten Feger »Volle Lotte« über den Vorplatz am Riederwald knallen. Ali Neander, der Gitarrist der Herrencombo, spielt übrigens die Schweineriffs bei Schwester Setlur und wurde beim Ensemble Modern gesehen als Maurizio Kagel seine lustige E-Mucke dirigierte. Man kennt und hilft sich halt.

Die Vorteile einer Kleinstadt. »Der Joschka«, »Der Sven«, etc. Wir verlassen das Stadion und fahren mit den Straßenbahnen 19 und 16 ins Germania, Textorstraße, Sachsenhausen. Ein 14er wird geordert und dazu Handkäs mit Musik, die Königin unter den kalten Speisen, die super Hand in Hand geht mit der halluzinogenen Wirkung des trüb-gelben Stöffchens: Korbkäse, besser bekannt als der kleine Stinker aus der Harzer Familie wird in dicke Scheiben geschnitten, in Essig, Öl und viele gewürfelte Zwiebeln (Musik) eingelegt und mit einer Scheibe nicht zu hellem Brot, schön mit Butter bestrichen, serviert. Ob man den Kümmel mit einlegt oder aus dem verranzten Ostmanns Plastikwürzstreuer danach drüber gibt, entscheidet der persönliche Ausdruck. Das man den Handkäs nur mit Messer essen darf – jaja wissen wir. Das Schneegestöber, die vornehme Variante vom

Handkäs (Weichkäse mit Zwiebeln zermanscht) wird mit Kresse und Salzstangen serviert. Mmh... Zwiebeln. Die Kronjuwelen der Frankfurter Küche. Vergeßt endlich das scheiß Caprese!

Sommersalat

»Da wird kein Mann von satt«, sagte meine Oma. »Wozu auch?«, sagte ich, denn meine Oma hatte keinen mehr. Keinen Mann. Nur Salat, und den mochte sie sehr gerne. Weil er so gesund ist und das Leben verlängert, dachte sie und ist schon deshalb ziemlich alt geworden. In den Schnitzelstuben, die sich seit der Jugend meiner Oma kaum verändert haben, ist er noch immer lieblose Beilage. Ein bißchen Flüssigkeit und Frische, damit Panade und Pommes den Magen nicht verstopfen. Ein kleines Schälchen eingemachte Karottenraspel, welker Kopfsalat, ein in der Regel völlig überessigtes Dressing und obendrauf ein Streifen rote Paprika aus dem Glas. Echte Männer lassen den Beilagensalat stehen. Der ist unter ihrer Würde. Für Sachen unter tausend Kalorien hebt der Bauarbeiter gar nicht erst die Gabel. Dicke Frauen essen ihn erst recht, weil sie glauben, daß der Salat, das kalorienreiche Wiener Schnitzel neutralisiert. Sie werden noch dicker. Salat kann deprimierend sein.

Salat nur deshalb zu essen, weil er schlank macht, ist eine unzulässige Instrumentalisierung eines intelligenten Lebensmittels. Muckibudengänger motzen ihn mit Dosenmais, Schafskäse und Mayonnaise auf bis er so dumm und gehaltvoll wie ein Schweinebraten ist. Dann essen sie Süßigkeiten hinterher, weil sie ein psychisch bedingtes Vakuum im Bauch verspüren. Man muß diesen Menschen helfen. Der Sommer ist die ideale Einstiegszeit. Hitze ist anstrengend, da muß man beim Essen locker bleiben: Ein bißchen hochtunen ist erlaubt, aber nicht mit den Mitteln eines klebrigen Vorstadtbistroküchenkriminellen. Dosenmais ist scheiß. Ein Auberginensalat mit gegrilltem Rindfleisch ist genial. 2 mittelgroße Auberginen längs halbieren, mit der

Schnittfläche nach unten legen und längs in 1 Zentimeter breite Streifen schneiden. Die Streifen nebeneinander auf eine Platte legen, mit Salz bestreuen. 15 Minuten ziehen lassen, dann abspülen und gründlich trocknen. Hat man die Auberginen vorher nicht eingesalzen, saugen sie später schwammartig Fett auf. Das ist eklig und muß vermieden werden.

3 mittelgroße Zucchini in 2 Zentimeter große Stücke schneiden, 2 rote Paprika in 2 Zentimeter lange Streifen schneiden. 100 g kleine Champignons halbieren, 2 Zwiebeln in dicke Ringe schneiden. Das Gemüse mit Öl und Zitronensaft mischen. Mit Folie abdecken und bei Zimmertemperatur 30 Minuten ziehen lassen. 750 g Lenden- oder Rumpsteak von überschüssigem Fett und von Sehnen befreien. Auf einen leicht gefetteten Holzkohlengrill oder in eine Pfanne legen und bei starker Hitze auf beiden Seiten 2 Minuten braten. Fleisch auf den weniger heißen Teil des Grills legen. Um das Fleisch medium zu braten, weitere 2 Minuten pro Seite auf dem Grill lassen. Dann auf eine Platte legen und lose mit Folie bedecken. Nach dem Abkühlen in sehr dünne Scheiben schneiden. Mit einem Schaumlöffel Gemüse aus der Marinade nehmen und in zwei Portionen auf dem Grill je 5 Minuten braten, bis es leicht gebräunt und bißfest ist. Abkühlen lassen. Auf einem Berg Zuckerschotensprossen auf jedem Teller Fleisch und das abgekühlte Gemüse anrichten. Mit Basilikumstreifen garnieren. Sofort zimmerwarm servieren. Etwas Weißbrot dazu. Auch wenn das so wenig gesund ist, daß man fast ungesund dazu sagen könnte. Sagen muß. Aber scheiß der Hund drauf. Wir wollen's nicht übertreiben.

Junges Böckchen

Von Matthias Hering

Böckchen will erschossen werden, hinter den Ohren. Wird ihm die Kehle durchstochen, stirbt es zu langsam und läßt böse Mengen Harn und Kot von sich. Verwenden Sie eine Pistole vom Kaliber 9 mm (Makarow, Browning, Walter), die in keiner modernen Küche fehlen sollte. Setzen Sie den Schuß aus einem Abstand von sieben Zentimetern so zwischen die Ohren, daß die Schußbahn eine Linie mit den Nasennebenhöhlen bildet. Mit zufriedenem Zucken stößt unser Böckchen nun all sein Blut von sich. Kam der letzte Tropfen, drehen Sie es auf den Rücken und beginnen, die Haut an den Hinterläufen unterhalb des Kniegelenks abzuziehen. Achten Sie auf scharfe Messer! Nach einigen Schnitten können Sie die vom Muskel gelöste Haut bis zu den Hoden runterreißen. Legen Sie eine Pause ein und trinken Sie einhundert Gramm Wodka. Beginnen Sie dieselbe Prozedur an den Vorderläufen. Schneiden Sie die Haut entlang des Brustbeines auf. Fahren Sie mit der Hand zwischen Brustkorb und Haut; einige kräftige Stöße, und Sie haben das Böckchen bis zum Rückgrat freigelegt. Achten Sie darauf, unser frisches Fleisch nicht mit Fell zu berühren. Das verdirbt den Geschmack. Beim Penis angelangt, schneiden Sie ihn vorsichtig aus dem Fell und legen die Harnröhre frei, ohne sie zu verletzen. Trennen Sie jetzt die Hoden ab und schneiden Sie den After großzügig aus dem Muskel. Hängen Sie unser Böckchen am Kniegelenk auf. Sie können jetzt die gesamte Haut abziehen. Schneiden Sie den Gaumen auf und entfernen die Zunge. Nicht abwaschen! Schneiden Sie vorsichtig die Bauchdecke auf, greifen Sie mit dem Unterarm bis zum Zwerchfell hinein. Entfernen Sie die Gedärme mit einem Ruck. Suchen Sie

SCHATZ! WAS MACHT DAS BÖCKCHEN?
ICH HABE ES ZERLEGT UND LASSE GERADE SEINEN RÜCKEN SCHWITZEN.

die Leber. Schneiden Sie die Gallenblase vorsichtig und großzügig aus ihr heraus. Entfernen Sie Lunge und Nieren; Herz und Leber legen Sie zur Seite. Nicht abwaschen!

Sie können jetzt das Fleisch verwerten. Achten Sie darauf, die Muskeln nicht zu verletzen. Für größere Knochen verwenden Sie eine Rosenschere. Sind Keulen und Schultern herausgetrennt, greifen Sie zur Axt und entfernen den Kopf. Seien Sie sparsam, am Nacken hängt vorzügliches Fleisch. Greifen Sie wieder zur Rosenschere und knipsen Sie die Rippchen vom Rückenstück. Sie sparen sich viel Arbeit, wenn Sie in der Badewanne schlachten. Betten Sie das frische, blutige Rückenstück weich auf einige Scheiben Speck, und schieben Sie es in den Ofen, bei höchster Hitze. Legen Sie eine Pause ein und trinken Sie einhundert Gramm Wodka. Lassen Sie den Rücken 30 Minuten schwitzen. Wickeln Sie Zunge und Herz in Alufolie und packen Sie sie zum Rücken. Nach 15 Minuten beides aus dem Herd nehmen. Fahren Sie dann den Ofen auf 80 Grad herunter, zarte Massagen mit irischer Butter erfreuen den Rücken. Nach einer weiteren Stunde überschütten Sie ihn mit gewürfelten Kartoffeln. Sie lassen beides noch 30 Minuten im Ofen. Wühlen Sie dann unter die Kartoffeln zärtlich Zwiebeln und Knoblauch. Nach 10 Minuten geben Sie rote Paprika und Steinpilze dazu. Servieren Sie das Blech, sobald die Pilze glibbrig werden. Trinken Sie nach dem Essen einhundert Gramm Wodka. Zunge und Herz schneiden Sie sich in dünnen Scheiben aufs Frühstücksbrot. Trinken Sie dazu besser Darjeeling.

Mousse au chocolat

Verbotenes wird verborgen. Meistens vor den anderen, aber noch öfter vor einem selbst. Laster läßt niemand gerne offen liegen. Sie führen in Versuchung und treiben Schamesröte ins Gesicht. Was ich nicht weiß, macht mich nicht heiß, doch das Verbotene hat Reiz. Keiner will beim Schwachwerden beobachtet werden. Schokolade ist so eine Sache. »Iß sie nicht«, befiehlt die strenge Waage, »iß mich ganz«, zirpt die süße Ware. Liegt die Schoko erstmal in der Lade, läßt sie einem keine Ruh'. Heimlich tun wir ihr den Gefallen. Aber bloß nicht dabei erwischen lassen. Wird schon keiner gucken. Wir machen selbst die Augen zu – zack, von der Hand in den Mund, danach Gedächtnisschwund. So ein Blödsinn! Schokolade kann einem leid tun. Sie ist schön, sie schmeckt und wird deshalb noch versteckt. Sie sollte ins Rampenlicht. Wir fordern Freiheit für die Schokolade, sie ist unser Freund. Bekennen wir uns zu Bitterzart und Vollmilch, denn es sind sanfte Glücklichdrogen. Sie setzen körpereigene Endorphine frei und machen high. Fröhlichsein im Frühling ist keine große Kunst. Anfang Dezember braucht es einen Helfer: ein Wundermittel aus den Samen des in Zentralamerika beheimateten Kakaobaums. Die weißen Bohnen werden fermentiert, getrocknet, geröstet und zu einer dunkelbraunen Paste verarbeitet, die als Rohschokoladenmasse in Blöcke gepreßt wird. Über die Hälfte des Rohgewichts ist Fettanteil, Kakaobutter. Wird dieses Fett extrahiert, können die festen Überreste zu Kakaopulver vermahlen werden. Die Maya kamen zuerst auf die Idee, Kakaobäume zu kultivieren. Erst Cortez, der spanische Eroberer, brachte die Bohnen nach Europa. Und die Anleitung, wie man draus Schokolade macht.

Und so wird aus Schokolade der beste Nachtisch der Welt: 200 g dunkle geschnittene Halbbitterschokolade in eine feuerfeste Schüssel geben. Ins Wasserbad stellen und rühren, bis die Schokolade geschmolzen ist. Leicht abkühlen lassen. 45 g Butter, 1 EL Puderzucker, 1 TL Vanilleessenz schaumig rühren und nacheinander 4 Eigelb zugeben. Weiterrühren. Schokolade zugeben. Rühren. $^2/_3$ Tasse geschlagene Sahne unterheben, 4 steif geschlagene Eiweiß, die restliche Sahne und 1 EL Orangenlikör unterheben. Die Masse in 6 kleine Glasschalen füllen und mindestens zwei Stunden in den Kühlschrank stellen, dann ist die Masse Mousse. Ein klitzekleines Sahnehäubchen krönt.

Das Dessert wird in der befreundeten Öffentlichkeit ganz ohne Scham nach einem guten Mahl verzehrt. Gemeinsam sind wir stark und werden immer stärker. Platzend vor Wohlbefinden nehmen wir zum Abschluß noch ein Schnäpschen, fassen uns gegenseitig an die Bäuche und singen: »Der Teufel hat die Schokolade gemacht, um uns zu verderben, und seht nur wie der Teufel lacht, wenn wir noch fetter werden.« Aber ganz laut.

Otter oder Biber?

Von Marcel Vega

Was essen Sie lieber? Wenn Tischkreissägen zwecks Diebstahlsicherung in luftiger Höhe an Baustellenkränen baumeln, sagt das dem Beobachter zweierlei: Die Arbeit ruht, weil Wochenende, und zweitens, wir befinden uns in Deutschland. Warum dieser eigentümliche Brauch der Bauarbeiterzunft nicht einmal über die Grenzen unserer deutschsprachigen Nachbarstaaten hinaus Verbreitung fand, wird wohl ebenso wie die Angst des Deutschen vor der Käserinde ein ewiges Rätsel bleiben. In punkto Rinde ließe sich zumindest darüber streiten, ob sie zum Verzehr geeignet sei oder nicht, ob das Entfernen derselben Kalorien einspare oder nicht. Man kann das aber auch seinlassen und statt dessen, wo schon mal Wochenende ist, einen Ausflug ins Grüne unternehmen. Dabei könnte man versuchen, einen Biber oder Otter zu überfahren. »Der Nager wie der Marder eignen sich nämlich hervorragend« – und das sollte auch den Käserindengegner aus Gesundheitsmotiven überzeugen –, »einen Tag mit Schonkost einzulegen, ja, sie bilden zur Fastenzeit (und nicht nur zu dieser, Anm. des Verf.) eine angenehme Abwechslung«. Diese Meinung vertritt zumindest Mathilde Ehrhardt in ihrem 1904 bei der Berliner Verlagsdruckerei Merkur erschienenen »Grossen Illustrierten Kochbuch«, dem »einzigen Kochbuch der Welt, welches die allerhöchsten Auszeichnungen erhielt«. Zum Beispiel das Ehrenkreuz Hamburgs. Also Kofferraum auf, Biber oder Otter rein und nichts wie nach Hause! Alldieweil der Braten aus dem Feuchtbiotop vor dem Verzehr ordentlich eingelegt sein will. Also, sagen wir einfach mal, Sie haben einen Biber erwischt und hoffentlich nicht bis zur Unkenntlichkeit zermanscht. Frau und Köchin Mathilde verrät: »Vom

Biber ist besonders der Schwanz wohlschmeckend.« Zuerst sollten Sie versuchen, die Reifenspuren zu entfernen, z.B. indem Sie den Schwanz gründlich reinigen und waschen. Anschließend schneiden Sie ihn in Scheiben und legen diese für »8 Stunden in eine Marinade aus mit allerlei Kräutern, Gewürzen, Lorbeerblättern und Zwiebeln aufgekochtem Essig«. Schwitzen Sie in einem Bräter Butter, Zwiebeln und Karotten an, legen Sie das Fleisch darauf, bestreuen es mit Salz und lassen Sie das Ganze zugedeckt schmoren. Nach einiger Zeit wenden Sie die Scheiben, löschen mit 1/4 Liter Rotwein ab, geben Croutons darüber und garen die ganze Chose. Das Fleisch sodann herausnehmen, die Brühe erkalten lassen und das Fett an der Oberfläche abschöpfen. Die Sauce durch ein Sieb jagen, nochmals aufkochen und mit dem Saft einer Zitrone abschmecken. Das Fleisch in der Sauce kurz heiß werden lassen et voilą le »Gedämpfter Biberschwanz«.

Ach, bei Ihnen war's ein Otter? Kein Problem, Frau und Köchin Mathilde verrät: »Der Fischotter wird abgezogen und in Stücke zerlegt. Danach werden die einzelnen Stücke genauso behandelt wie der Biberschwanz.« Nennt sich dann »Fischotter in Rotwein gedämpft«. Beilagen nach Ihrem Gusto, trinken sollten Sie dazu allerdings Bier. Denn, diese Regel heckten die Mönche Bayerns im Mittelalter nicht umsonst aus: »Bier bricht das Fasten nicht!«

Schweinebauch

Bäuche sind unbeliebt. Niemand will sie haben. Die armen Bäuche. Ständig werden sie attackiert, wegmassiert und runtergehungert. Dabei kann man sie kraulen, mit Bier füttern und ihnen einen Namen geben. Oder einfach nur drauf einschlafen. Ein Bauch ist ein treuer Begleiter, er läßt einen niemals im Stich, und man muß ihn nicht mal Gassi führen. Ein Bauch ist wie ein eingebautes Tamagotchi: Knurrt, fiept oder wimmert er, muß Nahrung her. Damit er wächst und gedeiht. Gibt man ihm was Warmes, geht er auf wie ein Hefeteig. Dann kann man Schwangerschaften simulieren, Bösewichtern den Weg versperren oder Cocktailgläser drauf abstellen. Manche spotten über Bäuche. Das sollten sie nicht tun. Ein Bauch erfordert Arbeit. Und die muß sich wieder lohnen. Knapp 2 Kilo Schweinebauch mit Tasche besorgen. 2 gehackte Zwiebeln, 1 EL Curry und 125 g Reis in 2 EL Öl andünsten. Mit jeweils einem $^{1}/_{8}$ Liter Weißwein und Brühe auffüllen und 20 Minuten quellen lassen. 2 feingeschnittene Stangen Porree, 150 g Tiefkühlerbsen und 50 g ungesalzene Erdnüsse zum Reis geben. 2 Eier unterrühren und den von innen und außen gesalzenen und gepfefferten Schweinebauch damit füllen. Zustecken. Die Schwarte mit 200 g Erdnußmus bestreichen, und das Fleisch in einen Bräter legen. Noch mal $^{1}/_{4}$ Liter Wein und $^{1}/_{8}$ Liter Wasser zugießen, in den Backofen (200 Grad) schieben und 45 Minuten braten. 150 g ungesalzene Erdnüsse auf der Kruste festdrücken und eine Viertelstunde weiterbraten. Den Sud mit etwas Soßenbinder andicken, ein schlichter grüner Salat für den Vitaminhaushalt und Pellkartoffeln für die Soßenmantsche dazu reichen.

Da hat der Bauch was zu schlucken. Aber schön langsam, nicht schlingen. Nachschlag gibt es keinen.

Alles darf man einem Bauch auch nicht durchgehen lassen. Gibt man ihm den kleinen Finger, will er gleich die ganze Hand. Sein Größenwahn heißt Gier. Gerne würde er über sich selbst hinauswachsen. Läßt man ihn, hängt er plötzlich unterm Kinn. Und da gehört er wirklich nicht hin.

Buttersemmel

Von Michael Rudolf

Sie wissen, daß Ihr Bett spätestens nach zwei Tagen ununterbrochenen Liegens klebt, ekelhaft klebt oder wenigstens ekelhaft zu kleben beginnt. Sie wissen endlich, was die anderen (es sind immer die anderen) unter Krankheit verstehen: Schädelkratzen von innen, Schweißeinbrüche in sämtliche Lebens- resp. Körperbereiche, Salman-Rushdie-Blick, Filzfrisur, Schütteldauerfrost etc. Sie wissen, was Ihr Arzt dazu meint (»Wird schon werden, Herr ... wie war gleich Ihr Name?«) Sie wissen, daß Schmerztabletten einen Scheiß helfen und daß Kräutertees auch keine Bastion gegen die Übel der modernen Zivilisation sind. Und Sie wissen, daß Äpfel, Karotten, Mangos, Orangen, was weiß ich, also all die beliebten Vitaminträger nicht die Bohne satt machen.

Langsam keimt in Ihnen der verzweifelte Wunsch nach einer einfachen Buttersemmel auf. Eine einfache Semmel. Und wenn Sie nun nicht gerade Berliner sind, wissen Sie erstens haargenau, was das ist und zweitens, wo Sie sich die beschaffen können. Mit oder ohne Körner oben drauf – egal. Nur frisch sollte sie sein, den betörenden Duft des Gebackenen verströmen. Und da Sie die letzten sieben Nächte eh nicht geschlafen haben, fällt Ihnen das Frühaufstehen mehr als leicht.

Bei der Wahl der Butter kann auch kaum was falsch gemacht werden, und weil Sie sonst keine essen, kann's ruhig eine kostspieligere Marke sein, z.B. irische. Sie schneiden also die frische Semmel quer durch, dann drauf mit der Butter, aber nicht dicker als drei Millimeter! Frisch servieren, vulgo sofort beherzt abbeißen, kauen, Quatsch! verschlingen, mampfen, mampfen ... Vier- bis fünfmal wiederholen, und was soll ich sagen: Die letzten Kränklichkeitssymptome sind wie weggeblasen. Den Vitaminscheiß ab in den Servuseimer und einen Stoßseufzer gen Himmel feuern: Weltrevolution, here we go! Und heute abend wird richtig einer über den Rettich gezogen.

...UND EINE KLEINE HANDVOLL UNGESALZENE ERD-NÜSSE ZUGEBEN.
DURCH-EINANDER
HATE

Durcheinander

Lecker-Schmecker Doppeldecker. Das sind diese Pfannengerichte mit allem, und die knallen. Hier gibt's kein Expertentum, Mixgerichte sind das Experimentierfeld des küchenfertigen Künstlers. Ohne Grenzen, ohne Schranken, einfach zusammenhauen und Nahrung tanken. Erfahrung ist dafür nicht schlecht. Und trotzdem: Alles, was mundet, ist recht. Hobbyköche mit germanistischer Ausbildung und Lesebrillenblick sprechen gerne über die Wonnen des Marktspaziergangs. Kochbuchbürokraten fühlen sich verscheißert. Man muß schon ein wandelndes Rezeptebuch sein, um samstagsmorgens auf einem Markt genau die richtigen Zutaten zum idealen Braten zu entdecken. Wer die Zubereitungsanweisung nicht im Hirn spazierenführt, steht später an der Kochstatt und schreit nach einer fehlenden Zutat. Hat man nur ein Rezept im Kopf, fehlt auf dem Markt, was das geplante Gericht gerade toppt. Irgendwas fehlt immer. Trotzdem sind Märkte klasse: Hier gibt's das grüne, rote, gelbe, blaue Zeugs in echt. Keine Fotos, keine Simulation – anfassen und einfahren. Hat man ein Schnäppchen ergattert, muß man wissen, was man damit macht. Da fängt die Hierarchiebildung wieder an. Wer hat wie viele Jahre die hohe Kochschule absolviert, und wer ist bei der Prüfung durchgefallen? Scheiß auf das, was irgendwo geschrieben steht. Alles Unfug, denn wenn man selbstbewußt und phantasiebegabt, das heißt ganz einfach einfallsreich hungrig zum Kochgeschirr greift, hat man Ideen, die stehen. Keine Frage. Durcheinander, gewitzt gewürzt, ist Weltklasse.

2 Zucchini, 4 Karotten, 1 Bund Frühlingszwiebeln, 3 Knoblauchzehen, 1 rote und 1 gelbe Paprika, 5 mittelgroße Champignons, 1 frische Chilischote,

zum Beispiel auf die entsprechenden Formate gekürzt (feine Stifte für Karotten und Zucchini, superfeine Chilistreifen, Paprika- und Pilzwürfel, Zwiebelringelchen) in wenig Öl in einer der Gardauer angepaßten Reihenfolge (Knoblauch, Chili, Karotten, Zucchini, Frühlingszwiebeln, Paprika und Champignons) in die Pfanne geben, mit etwas gemahlenem Ingwer, Koriander, Curry, Salz und Pfeffer würzen. Wenn alles den optimalen Aggregatzustand erreicht hat, 1 kleine Dose Kokosmilch, Tofu angebraten, mit Salz und Pfeffer gewürzt, und 1 kleine Handvoll ungesalzene Erdnüsse zugeben, noch ein bißchen miteinander anfreunden lassen und mit Reis servieren. Glatte Petersilie obenauf, es wird ein Schmaus. Ist kein Reis im Haus, tun's Pasta oder Kartoffeln auch. Das Ganze geht genau so gut ganz anders. Man muß sich nur trauen, es auszuprobieren.

Knipp und Kluten

Von Arnold Schölzel

Bremer sind weltoffen, aber nur nach der Seite, die ins Meer führt. Ansonsten schotten sie sich ab, lassen das Gerücht umgehen, es handele sich bei ihnen um die ärmste der Bundes-Republiken, und essen schöne Sachen, die es schon in Oldenburg oder gar Hannover nicht gibt. Dort regierten vor kurzem noch irgendwelche Fürsten, und die traurige Folge ist die gastronomische Wüste in der Demokratie. In Bremen heißt sogar der alljährliche Rummel »Freimarkt«, weil es ihn dort schon gab, als anderswo der Kapitalismus noch eine revolutionäre Angelegenheit war. Auf dem Freimarkt gibt es natürlich den ganzen Süßkram, den es bei solcher Gelegenheit auch anderswo gibt. Aber woanders gibt es keine »Bremer Kluten«: Kleine, weiße, halbweiche Pfefferminzklötze mit Schokoladenglasur auf einer Hälfte. Nur dort gibt es »Victoria«, im Vergleich mit der Spritzkuchen in Berlin ein Schmarren sind, auch wenn es sich um dasselbe handelt. Außerdem sind Bratwürste aus Pferdefleisch populär, aber das ist ein anderes und manchmal trauriges Kapitel. Ich sage nur: Hufnägel.

Völlig unbekannt außerhalb einer Drei-Meilen-Zone um die Hansestadt ist Knipp. Neuerdings gibt es Knipp auch abgepackt, aber das wird von Einheimischen verschmäht. Jeder Bremer Fleischer mischt Knipp selbst und zwar täglich neu: Etwas Fleisch oder auch nicht, Speck, Grütze und Gewürze, die offenbar in Bremen unter Verschluß gehalten werden. Jedenfalls wollte mir noch nie jemand an irgendeinem Fleischstand Näheres dazu sagen. Man kauft die graue Pampe pfundweise und verbraucht sie noch am selben Tag: Dünstet in einer Pfanne eine Menge Zwiebeln, tut das (oder den?) Knipp dazu, bis er sich erhitzt hat –

und mehr kann man nicht machen. Vielleicht saure Gurke noch beim Servieren dazu, Kartoffeln sowieso, das war's. Alles andere hängt vom Fleischer und seinem Würzgeschick ab. Die Schwierigkeit besteht darin, den besten in Bremen zu finden (die Stadt ist über 45 Kilometer lang!). Hat man ihn gefunden, kann man sich dran gewöhnen, und wer nicht dort wohnt, hat Pech gehabt.

Sauerkrautauflauf

Sauerkraut hat keinen guten Ruf. Kraut gilt ohnehin schon nicht als schick – gehobelt, gesalzen und durch natürliche Milchsäuregärung vier bis sechs Wochen gesäuert weckt es Visionen von Bundeswehrkantinen und Resopaltischplatten. Angeblich ist es gesund. Kaum eine Entschlackungskur verzichtet auf rohes Sauerkraut im Speiseplan. Das soll lecker sein und den Körper reinigen, tatsächlich schmeckt es scheußlich und macht Bauchschmerzen. Da nimmt es nicht wunder, daß bekennende Sauerkrautliebhaber nicht alle Tage zu treffen sind. Bestenfalls begegnet man der Spezies der Champagnerkrautverköstiger. Das sind kreative Nullnummern, die ihre Tage hochbezahlt in Werbeagenturen vertrödeln und glauben, teure Dosenware hätte was mit Lebensqualität zu tun. Champagner trinkt man lieber pur und läßt sich für die Billigkrautverwertung was Gescheiteres einfallen. Zum Beispiel ein Alltagsgericht, das Eßkultur mit Einfachheit in Einklang bringt. Immer nur Luxus ist langweilig. Vor Sauerkraut mit Kaßlerrippchen sollte man sich allerdings vorsehen. Das ist einfach – einfach furchtbar und schmeckt genau so scheußlich wie es aussieht. Zähne weg auch von Leberknödeln, Eisbein und Schlachteplatte. Solche Begleiter hat nicht mal das Sauerkraut verdient. Hoffnung gibt's mit simplen Mitteln:
3 Zwiebeln in Würfel schneiden, 250 g Möhrenscheiben und 1 kg Sauerkraut in 50 g heißem Fett andünsten. Einen 1/4 Liter Weißwein zugießen und eine Viertelstunde schmoren lassen. Inzwischen 500 g Rinderhack mit 2 Eiern und 2 EL Senf verkneten. Mit Salz, Pfeffer und Paprika abschmecken. Dem Sauerkraut ebenfalls mit Salz und Pfeffer beirücken und in eine ofenfeste Form füllen. Aus dem Hackfleischteig

Klöße formen und auf das Kraut setzen. Verschlossen 40 Minuten bei 200 Grad im Ofen garen. 250 g Schmand (den besten gibt's bei Aldi, das ist amtlich und kein Witz) mit 2 Eiern verschlagen, Salz und Pfeffer dran, man kennt das ja, über Kraut und Klöße gießen und in der offenen Form eine Viertelstunde leicht stocken lassen. Mit feingehacktem Dill bestreuen, schmeckt hervorragend und sieht genauso aus. Das geschmeidige Sauerkrautsößchen wird am besten von der sämigen Konsistenz einer geglückten Salzkartoffel aufgenommen, denn sie unterstützt die dezent weinselige Sahnigkeit. Wie immer superheiß auf den Tisch, Pusten gehört wie Kauen zum Essen dazu. Trinken darf man, was man will – Wein, Wasser, Whiskey-Cola, wenn's sein muß auch Champagner. Fernsehen ist selbstverständlich strikt verboten, doch weder beim Gesprächsthema noch bei der Musikauswahl sind geschmackliche Grenzen gesetzt. Nur eins muß klipp und klar sein: Poser haben Hausverbot!

Spamist

Von Diana Nadeborn

Zeig mir dein Mittagessen, und ich sage dir, wer du bist. Falls das mal jemand zu Ihnen sagen sollte, kochen Sie Pasta. Was sagt das über Sie aus? Sie sind offen für andere Kulturen, können von Ihrem Schnitzel auch mal lassen, sind unabhängig, ernähren sich bewußt gesund oder sind einfach phantasielos, arm und allein.

Aber hey, was soll's. Sind wir das nicht alle? Wenigstens geben wir es zu und stehen dazu. Aber selbst die langweiligste Nudel kann man mit etwas Restkreativität garnieren. Und das geht so:

Als allererstes leiern Sie jemandem eine Handvoll mittelgroßer Geldscheine aus dem Portemonnaie, um in einem italienischen Delikatessenladen getrocknete Steinpilze zu erwerben. Falls das nicht gelingen sollte, müssen Sie zu selfsearch übergehen und im nächstgelegenen Wald einen Eimer voll sammeln. Falls beides scheitert, sollten Sie lieber Miracoli auspacken und sich damit abfinden, phantasielos und pilzbehindert zu sein.

Wollen Sie Ihren Ruf retten, nehmen Sie einen großen Topf und geben Wasser, Salz und Nudeln hinein. Kochen Sie das Ganze nun, bis es ihrer Meinung nach fertig ist. Doch seien Sie auf der Hut! Aufgedunsene Nudeln könnten Sie als Kochlaien bloßstellen.

Lassen Sie während dessen $^1/_4$ Liter Sahne etwa 10 Minuten köcheln. Nehmen Sie nun die hart erkämpften Pilze zur Hand, schneiden sie in feine Streifen und lassen sie in eine Pfanne mit 30 g erhitzter Butter und 2 EL Olivenöl fallen. Rühren und braten 2 Minuten lang. Anschließend pfeffern, daß es sich gesalzen hat. Jetzt Nudeln, Sahne und 3 EL Parmesan vermischen, Pilze drauf und mit 3 weiteren EL Parmesan bestreuen.

ALS SPEISEKARTEN NOCH KEINE NUMMERN HATTEN.

Sie glauben, Sie haben es geschafft? Weit gefehlt. Eindruck machen verlangt mehr, denn auch der Verzehr will gelernt sein: Die Stoffserviette auf den Schoß legen – niemals am Kragen befestigen, das sieht total daneben aus – das Nudelgericht mit Löffel und Gabel essen, ohne die umliegenden Wände vollzuspritzen.

Dazu Wein aus dem Delikatessenladen, aus dem Sie die Pilze haben. Der Überflieger wäre noch eine Karaffe Aqua Minerale, muß aber nicht sein.

Das Aufsteigen in höhere Dunstkreise will von langer Hand vorbereitet sein. Aber nur das Ergebnis zählt, und das ist überwältigend: Sie schauen aus wie ein kultivierter Mensch und haben eine Menge Abwasch. Das ist doch was.

Marinierter Fisch

Was koche ich morgen? Das ist die Frage, mit der sich der katholischste Gottesdienst, die mathematischste Schulstunde, der beziehungsproblematischste Liebesfilm und der orgasmusloseste Sex locker überbrücken lassen. Man stiert geradeaus, macht sich zur Insel im Geschehen, verläßt den eigenen Körper. In Gedanken wandert man durch die Geschäfte, prüft den Reifegrad exotischer Früchte, drückt an Gurken und Paprika herum, trägt alles nach Hause und beginnt zu kochen. Das Zeug schmeckt immer. Macht aber leider nicht satt. Kocht man eben mehr. In einer einzigen Vorlesung über Mikroökonomie lassen sich mit Leichtigkeit an die zwanzig köstliche Gerichte kochen. Das Problem allerdings ist, daß Kopfkochen süchtig machen kann. Die Konzentration ist futsch. Man sitzt bei einer Unterhaltung, zack verwandeln sich die Augen in Glasbausteine, der Kopf nickt beständig, simuliert Verständnis. Man wird zum Zuhörzombie. Auch wenn der Gesprächspartner die packendsten Dinge berichtet, backt man einen Kuchen, grillt ein Steak und schnippelt Salat. Die Freunde suchen sich ein lebendigeres Gegenüber, und ist es endlich soweit, daß man die Luftmenüs materiell umsetzt, gibt es niemanden mehr, der sie mit einem verzehren möchte. Will man nicht sozial verelenden, muß man sich die Was-koche-ich-morgen-Frage schnell verbieten.

Marinieren ist die Antwort. Damit werden sogar Junkies clean. Steht das Essen schon im Kühlschrank, hat sich die Frage erübrigt, und man bleibt mit dem Gehirn im Raum. Zum Beispiel marokkanischer Fisch mit frischer Tomatensoße: 750 g weiße Fischfilets ohne Haut in 2x2 Zentimeter große Quadrate schneiden, 1 rote gehackte Zwiebel, 1 zerdrückte Knoblauchzehe,

2 EL gehackte Korianderblätter, $^1/_2$ Tasse gehackte Petersilie, 1 TL Paprikapulver, $^1/_4$ TL Chilipulver, $^1/_2$ Tasse Olivenöl mit 3 EL Zitronensaft mischen, über den Fisch geben und über Nacht stehenlassen. Für die Soße 4 große Tomaten brühen und abziehen, aushöhlen und kleinschneiden, mit 2 kleinen roten, in zarte Streifen geschnittenen Chillies und $^1/_2$ Bund frischen feingehackten Korianderblättern mischen. $^1/_2$ Tasse Olivenöl drangeben und mit frisch gemahlenem schwarzen Pfeffer abschmecken. Im Kühlschrank durchziehen lassen. Das Thema Essen vergessen.
Am nächsten Tag den Fisch auf Metallgrillspießchen stecken, grillen, bis er von allen Seiten gut gebräunt ist und mit der kalten Tomatensoße und etwas Weißbrot servieren. Essen und reden. Und bloß nicht mit dem Gedanken spielen, die Frage in »Was koche ich übermorgen?« umzuformulieren.

Braune Bällchen

Von Sexton Ming

Dieses Essen ist fleischig. Es gehören Würstchen, Kartoffelbrei und Zwiebeln dazu. Unmengen braune Bratensoße außerdem.

Abbildungen davon findet man in Pornoheften, die man in Spezialgeschäften in Hamburg kaufen kann. Die Griechen haben es nach ihren Olympischen Spielen gegessen. Die Römer aßen sie bei ihren Orgien. Sie spülten die Bällchen mit Rotwein und zerstampften Oliven herunter. In England sagt man, es sei das Lieblingsessen von Königin Victoria gewesen. Sie hob ihre Röcke, kauerte sich über die Bällchen und machte noch etwas mehr braune Soße drauf. Dann war sie »amused«.

Die Geschichte der braunen Bällchen in England geht aber noch weiter zurück. Bis vor Christus. Damals waren die meisten Leute Heiden und sie beschäftigten sich mit Hexerei. Besonders die Weibsbilder. Sie kleideten sich in schwarzes Leder und trugen spitze schwarze Hüte. Sie sausten mit Besenstielen zwischen den Beinen über Maisfelder hinweg.

Sie tanzten und sangen:
»uuugggli uuuggggli
Hexi Hexi
Braune Bällchen
Sind ein köstliches Mahl«.

Dann pinkelten sie auf Treppenabsätze und Fenstervorsprünge unschuldiger Anwohner und setzten sich erschöpft, aber glücklich zu einem Teller brauner Bällchen nieder. Das ist die Geschichte dieses ungewöhnlichen Essens.

1 Zwiebel in Ringe schneiden und in einer Pfanne braun und knusprig braten. Nicht anbrennen lassen. beiseite stellen. In einer Pfanne 4 Schweinswürste braten und mit den Zwiebeln im Ofen warm halten.

1 TL groben Senf, 10 cl Cider und 10 cl Bratensoße in die Pfanne geben, etwas einkochen lassen und mit Salz und Pfeffer würzen. 8 mittelgroße mehligkochende, geschälte Kartoffeln in Salzwasser garen und abgießen. 1 TL Butter dran, 10 cl Milch und etwas Muskatnuß, dann zerstampfen. Ein wenig geriebenen Käse zugeben und solange schlagen bis das Püree cremig ist. Aus dem Brei 8 dicke runde Bällchen formen. Auf jeden Teller eine Schweinswurst geben, und jeweils links und rechts am unteren Ende ein Kartoffelbällchen plazieren. Dicke braune Soße drübergießen, und die gebratenen Zwiebeln üppig über die Bällchen schaufeln.

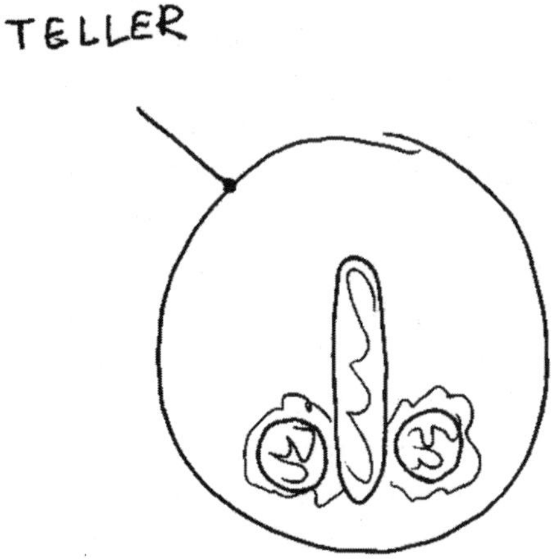

BRAUNE EIER

Maronensuppe

Als Einleitung zu einem mehrgängigen Menü eignet sich diese Suppe nicht nur deshalb, weil sie pappsatt und damit die anschließende Speisenfolge überflüssig macht. Ein kombiniertes Kennenlern- und Was-ist-in-der-Suppe-Ratespiel bietet sich als Lockerungsübung für den beginnenden Abend an, denn dem optisch undefinierbaren, graubraunen Tellerinhalt sieht man Herkunft und Identität nicht an. »Hallo, ich bin die Petra, und welche Suppe bist du?« »Ich bin aus passierten Linsen.« Schade, das war gelogen. Arme Petra. Maronen machen müde Menschen munter: 1 Stange Porree in Ringe schneiden und in wenig Öl glasig werden lassen, mit $^1/_8$ Liter trockenem Sherry aufgießen und bei hoher Temperatur 3–4 Minuten runterkochen. 600 g geschälte Maronen, 125 g blättrig geschnittene Champignons sowie $^1/_2$ Liter Brühe in den Topf, eine gute halbe Stunde langsam, aber stetig blubbern lassen, bis die Maronen schön mehlig matschen. Hernach pürieren, mit Salz und Pfeffer würzen und durch Einarbeitung von $^1/_4$ Liter fettarmer Milch die mausgraue Masse ins Cremige befördern. Geröstete Mandelblättchen sind dekomäßig nicht verkehrt.

Klingt ganz einfach? Ha! Reingefallen! Wer gut essen will, muß leiden. Maronenschälen sagt sich leicht dahin, ist tatsächlich aber Sträflingsarbeit. Theoretisch ritzt man die Maronen kreuzweise ein, gart sie 10 Minuten in kochendem Wasser und schält sie handwarm sauber ab. Praktisch verbrennt man sich die Finger, ruiniert sich Nägel und Nervenkostüm. Hinterher befinden sich trotz aller Mühen kiloweise Schalenkrümel in der Mahlzeit. »Was tun?« fragte Lenin und bestellte Menschewiki in die Suppenküche. Wir beschreiten fiesere Pfade, indem wir den neuen

Freundinnen unserer Ex-Freunde auf die blauäuig gestellte Frage »Kann ich dir was helfen?« scheinbar beiläufig entgegnen: »Schäl doch grad mal die Maronen«. Während sich die Konkurrenz in der Küche quält, geht man mit den Gästen gelassen Cocktails schlürfen.

Wer ein solches Vorgehen aus religiösen Gründen ablehnt, kann einen Frankreich-Urlaub zwischenschieben: Da gibt's das Zeugs geschält in Dosen.

ALSO ICH ESSE RISOTTO AUSWÄRTS NUR NOCH, WENN ES NICHTS ANDERES GIBT UND ICH TOTAL HUNGER HABE. DAZU EIN SCHÖNES GLAS ROTWEIN.

Risotto

Von Vincent Klink

Risotto? Ihr wißt gar nicht, von was ich rede und wollt trotzdem wissen, wie es gemacht wird? Auf alle Fälle darf man Risotto nicht einfach als Reisbrei bezeichnen, das wäre Diskriminierung. Es könnte aber sein, ihr wißt Bescheid und habt deshalb, ein für allemal, von dem in Pizzerien gelieferten Pamps die Schnauze voll. Ehrlich gesagt, ich esse Risotto auswärts nur noch, wenn es nichts anderes gibt, in fataler Demut à la »Der Verhungernde schaut nicht aufs Verfallsdatum«.

Rezept für vier Personen

80 g Reis

1 kleine Zwiebel

100 g Butter

1 ganze Knoblauchzehe

50 g geriebener Parmesan

etwa 1 Liter Fleisch-, Hühner- oder Gemüsebrühe (Instantgemüsebrühe wäre ideal).

Wir kaufen uns im Italienerladen ein Päckchen Risottoreis und einen Brühwürfel, und schon geht's los. Den Reis mit etwas Butter und der feingeschnittenen Zwiebel in einen Topf geben und alles scharf anrösten. Sobald Zwiebeln und Reis braun werden, die gehackte Knoblauchzehe hinein und mit Brühe auffüllen. Doppelte Menge Brühe wie Reis. Langsam köcheln und ab und zu mal umrühren. Wir haben ungefähr 15 Minuten Zeit zum Trödeln oder – für Unentwegte – um die Bude aufzuräumen oder auf dem Sofa zu verschnaufen.

Dann geht es in die scharfe Phase. Es können dabei keine festen Regeln aufgestellt werden, sondern man muß sich auf sein Gefühl verlassen. Es sollte immer so viel Brühe beigegeben werden, daß sich ein flüssiger Brei im Topf befindet. Ständig umrühren, damit nichts anbrennt. Nach fünf weiteren Minuten wird probiert. Ist der Reis weich, hat aber innen noch einen etwas festen Kern, dann ist es soweit.

Vollgas und ständig umrühren. Es geht nun darum, die restliche Flüssigkeit zu verdampfen, die muß fast vollständig aus dem Topf vertrieben werden. Ist der Risotto im Kern einigermaßen weich, wird die restliche Butter in großen Flocken mit dem Kochlöffel daruntergerührt, gleichzeitig dabei vom Feuer gehen, wenn Wein im Haus, zirka 2 EL Wein dran, dann den Parmesan einarbeiten und anrichten. Der Butteranteil ist für den Geschmack von großer Bedeutung. Wirkt der Risotto fettig, oder sind ölige Schlieren sichtbar, dann kommt der echte Aficionado in Panik, nicht aber wir. Es muß etwas Brühe – ideal auch ein Schuß Weißwein – hinein und nochmal gerührt werden. Zwischen den einzelnen Reiskörnern glänzt nun eine milchige Crème. Bravo, es ist geschafft!

Sollte man seine Kaloriensorgen auf den nächsten Tag verschieben, so wäre mehr Butter mehr Spaß. Also, auch wenn es sich verwegen anhört, ein halbes Päckchen Butter darf's schon sein. Eine Flasche Bianco dazu und vielleicht noch eine hinterher. Dann stracks zu ruhigen Träumen aufs Sofa.

Spargel I

Spargel ist wie Weihnachtsschokolade: es gibt ihn nicht das ganze Jahr. Seltenheit steigert Gier und Preis. Er ist teuer, er versteckt sich in der Erde. Arbeitslosen gönnt man eine Pause und schickt sie auf die Felder: Nicht Fabrikuhren, sondern Spargel stechen. Doch auf Zeit kommt's auch beim Spargel an. Frisch wie Fisch sein muß er. Kühlschrankgekühlt, in ein feuchtes Küchenhandtuch eingeschlagen, hält er sich zur Not mal einen Tag, denn nicht täglich hat man in der Spargelzeit für Spargel Zeit. Das Schälen ist kein Ruck-Zuck-Unternehmen. Niemals lieblos drüberrutschen, meditativ von oben runter. Beim Hantieren mit den langen Stangen, auch wenn's schwerfällt, schmutzige Ideen verbannen – Spargel ist der Lilie verwandt, und die ist ein Symbol der Reinheit. Es gibt ihn in zwei Farben, der weiße hat kein Licht gesehen, bleibt deshalb blaß, der grüne war schon an der Luft, bevor man ihn geerntet hat. Ihn muß man nur am unteren Ende schälen, oben ist er zart wie ein Babyarsch. Zugedeckt bei schwacher Hitze ist Spargel lose oder bündelig verschnürt in 20 Minuten gar. Am besten schmeckt er schlicht: Neue Kartoffeln, Parmaschinken oder Räucherlachs und eine feine Sauce. Einfach ist gebräunte Petersilienbutter die beste Variante. Der Klassiker, die holländische Sauce, ist dagegen heikel: 185 g Butter in einem Topf zerlassen, Schaum abschöpfen. Abkühlen lassen. 2–3 EL Wasser und 4 Eigelb cremig schlagen, auf dem Herd 3 Minuten weiterschlagen, dann weg vom Herd, die abgekühlte Butter einarbeiten, mit 2–3 EL Zitronensaft, Salz und Pfeffer würzen. Aber eigentlich ist diese Sauce einen Tick zu dick. Leichter geht's mit 8 gekochten und pürierten Spargelstangen: 6 cl Spargelsud mit 5 EL Crème Fraîche verrühren, 5 Minuten einkochen,

Spargelpüree dazu. Runter von der heißen Platte, 80 g kalte Butter in Flöckchen kräftig unterschlagen. Das Ganze abschmecken und mit etwas feingezupftem Kerbel versehen.

Auch Zitronensauce vermeidet jede Prampigkeit: 30 g Butter zerlassen, 1 EL Mehl unter Rühren darin bräunen, 1/2 Tasse Wasser unterrühren bis alles eindickt, dann ein Eigelb mit 1/3 Tasse Zitronensaft und 2 TL Zitronenschale fein gerieben mischen und darunter rühren, nochmal 3–4 Minuten schwache Hitze geben. Mit gerösteten Mandelblättchen dekorieren.

Mit grünem Spargel geht's verkräutert: 40 g Butter schmelzen, 1 kg geputzten, in 4 cm lange Stücke geschnittenen grünen Spargel darin schwenken, mit Salz, 1 TL Zucker und Pfeffer aus der Mühle würzen, 4 EL Weißwein und 200 g Sahne aufgießen, aufkochen und 10–15 Minuten garen. Falls noch nötig, ohne Deckel cremig kochen. Zum Schluß ordentlich frische Kräuter (Schnittlauch, Dill, Petersilie, Estragon) gehackt dazu.

Die Gabel gräbt Kartoffeln in die Soße, das Messer dient als Stützgerüst beim Lutschen, schneiden darf man damit höchstens Schinken oder Lachs. Superheiß die Stangen durch die Zähne ziehen, Spargel wird schweinisch geschluppt.

Spargel II

Wurst ist schlimm. »Nimm deine Wurstfinger weg«, heißt: »Ich will keinen Körperkontakt«. Niemand würde sagen: »Behalt deine Spargelfinger bei dir«. Spargel ist sexy. Er ist so phallisch-energetisch, daß man in Frankfurt/Main Fernsehtürme danach benennt. Er strotzt vor Kraft, doch im Unterschied zu vielem Formverwandten hat er Köpfchen. Dasselbe sollte man bei der Zubereitung anstrengen, denn verkochter Spargel in überaufdringlicher Begleitung macht nicht munter.

Nachdem wir mit den puristischen Varianten einmal durch sind, ist heute der erweiterte Standard dran: Suppe und Salat. Allerhand Schindluder wird damit getrieben. Spargelsuppe aus Tüten und schlecht geschälte Dosenware auf Eisbergsalat sind die Markenzeichen schlechter Restaurants. Wer den eigenen Herd beherrscht, vermeidet solche kapitalen Fehler. Salat vom weißen Spargel, frisch gekocht, mit etwas Essig/Öl und Schnittlauchröllchen läßt keine Wünsche offen. Doch von Asien kann man neben dem Buddhismus warmen Spargelsalat lernen: 500 g Spargel putzen, in dünne Scheiben hobeln, Köpfe längs halbieren, 3 Lauchzwiebeln in Ringe schneiden, 250 g Cocktailtomaten halbieren, 2 EL Sesamsaat ohne Fett rösten. 2 EL Öl im Wok (Pfanne ist erlaubt) erhitzen, Spargel darin rührend braten. 15 g Ingwer schälen, hacken und mit 3 EL Hanf- oder Sesamöl, 3–4 EL Zitronensaft, 1 TL Honig und 2 EL Sojasauce verrühren, Lauchzwiebel und Tomaten an den Spargel geben, mit der Marinade mischen, 1 Bund Koriander hacken, mit dem Sesam über den Salat und fertig.

Oder mit mehr Kräuterkram: Spargel in 8 Zentimeter langen Stücken garen, mit 1 kleinen gehackten

Zwiebel, jeweils 1/2 Tasse gehackter Minze und Koriander mischen und 2–3 Stunden durchziehen lassen. 3 EL Öl, 2 EL Zitronensaft, 1–2 EL Nuoc Mam und einer Prise Chilipulver mischen und darübergeben.

Mit grünem Spargel machen wir's französisch: 1 kg davon garen, auf Teller verteilen, 1/2 TL Honig, 1 EL heißes Spargelwasser, 2 EL Sherryessig, Salz und Pfeffer, und 1/2 TL Dijonsenf gut verrühren, 4 EL Nußöl und 5 fein geschnittene Basilikumblätter unterrühren, über den lauwarmen Spargel träufeln, 50 g Bündnerfleisch in zarten Streifen darüberstreuen.

In einer guten Spargelsuppe ist so wie im Salat der Spargel drin und nicht nur dran vorbeigelaufen: 1 Liter Salzwasser, plus 1/2 TL Zucker und die Schälabfälle von 500 g Bruchspargel 15 Minuten kochen. Durch ein Sieb gießen. Die Spargelstücke in der Brühe 15–20 Minuten garen. Aus 50 g Butter und 30 g Mehl eine helle Mehlschwitze machen, mit der Brühe aufgießen und 15 Minuten kochen, 125 g Sahne und 1 verquirltes Eigelb in die Suppe geben. Erhitzen, nicht mehr kochen, die Spargelstücke rein, mit Salz und Pfeffer, Saft und Schale einer halben Zitrone abschmecken und mit Schnittlauchröllchen bestreuen.

Das kommt fett. Fett im Sinn von geil. Spargel macht fit. Kein Stück fett. »Fetter Keim«, was Asparagus lateinisch heißt, ist dreist erstunken und erlogen. Aus den Fingern gesogen. Aus dem Spargel gelutscht.

DER STRENGE GERUCH KOMMT VOM SPARGEL! VON MEINEM HODENSACK WABERT TAGE DANACH NOCH GERUCH HOCH.

Spargel III

Das Gemüse der Gewieften sucht sich seine Esser selber aus: Selektiert wird durch den feinmotorisch anspruchsvollen Schälvorgang. Verkatert und mit stierem Blick bekommt der Spargel einen Knick. Streichholzförmige Stengel sind nicht nur Verschwendung, sie sehen auch schrecklich häßlich aus. Von der Lutschfreudigkeit ganz zu schweigen.

Im richtigen Ambiente ist Spargelschälen besseres Meditieren. Bequeme Sitzlage und scharfes Schneidwerkzeug suchen, die Füße hoch, eine schlechte Vorabendserie an und fleißig losgeschält. Nicht in den Ferseher gucken, die Soap zum Hörspiel machen. Zwei verschiedene gehen durch, dann ist ein Kilo lässig weggeschält. Jetzt in die Küche und was nun? Spargel in richtige Gerichte verpackt, ist zwar nicht die reine Lehre, aber köstlich allemal.

Die kohlehydratige Kartoffel ist der dezenteste Spargelbegleiter, doch das, was die Kartoffel kann, kann Pasta auch schon lang: 4 EL Olivenöl, 1 gehackte Zwiebel und 2 gehackte Knoblauchzehen erhitzen, sehr feinen, zarten grünen Spargel in 3 Zentimeter langen Stücken tropfnaß dazu und 8 Minuten dünsten. Mit 1 TL Zironensaft, Salz und Pfeffer abschmecken, 1 Bund Basilikum gehackt hinein, mit heißen gegarten 400 g Spaghetti (al dente, sonst Kopf ab!) mit dem Spargel und ein paar Parmaschinkenstreifen mischen. Käse bleibt im Kühlschrank.

Ein veritabler Einstieg für den Anfänger. Ist der geglückt, geht's in den Fortgeschrittenenkurs: Spargelstrudel mit Kopfsalatsoße. 375 g Mehl in eine Schüssel geben, in die Mitte eine Vertiefung drücken. 1 TL Salz und 3 EL Sonnenblumenöl hinein 200 bis 250 ml lauwarmes Wasser nach und nach dazu, mit dem

Knethaken unterarbeiten, mit Händen weiterwalken bis der Teig schön glatt ist. In Folie wickeln und beiseite stellen. 1 kg geschälten Spargel in fingerdicke Scheiben schneiden. 40 g Pinienkerne ohne Fett rösten. 2 TL Butter in der Pfanne erhitzen und den Spargel zwei Minuten braten. 1/2 Bund Petersilie hacken, Spargel mit Salz, einer Prise Zucker, Pinienkernen und der Petersilie mischen. 60 g Butter schmelzen, Teig halbieren und kräftig kneten. Küchentisch mit Mehl bestäuben, Teig ausrollen und mit den Händen dünn ausziehen. Die Hälfte der Spargelmischung auf den Teig geben, Strudel längs aufrollen, die Ränder unterklappen. Mit der Naht nach unten auf ein Backblech geben, mit Butter bestreichen und mit der zweiten Hälfte ebenso verfahren. Im Backofen bei 200 Grad 30 Minuten backen. Zwischendurch mit Butter bestreichen. Für die Soße 1/2 Kopfsalat putzen, 200 ml Gemüsebrühe aufkochen und mit Soßenbinder dicken. Salat und 2 EL Zitronensaft zugeben, mit dem Zauberstab pürieren. 150 g Schmand darunter, erhitzen, nur nicht kochen, mit Salz und Pfeffer abschmecken und den Strudel auf der Sauce servieren.

Beim Essen gibt es dann ein Mitspielquiz: Wer rät, was Grünes in der Sauce ist, der darf beim nächsten Mal den Spargel schälen. Wer so was kulinarisch Kniffliges erkennt, der muß ein Feingeist sein, und solche braucht's am Spargelschäler.

Grützwurst

Von Lou A. Probsthayn

Das erste Fast-Food-Würstchen nach dem Krieg wird wieder aufgepellt. Die Grützwurst, eine norddeutsche Spezialität, ist natürlich nicht das Deutschländerwürstchen und hat demnach auch nichts mit Begriffen wie Heimat, Gärtlichkeit, »Endlich zu Hause« oder hehreren Dingen wie Gesellschaft oder Politik zu tun. Die eher unpolitische Grützwurst ist ein infiltriertes, sozusagen armes Würstchen, das in einer gewissen, verzweifelten Wahlverwandschaft mit dem Rindfleisch im Hamburger steht: Alles ist drin, alles ist möglich. Es ist die Überraschungswurst im Norden! Schon zu Kita-Zeiten hat die Grützwurst alle Zungen polarisiert, das mag für die Wurst sprechen, aber nicht für meine traumatische Erinnerung an die Rosinen, die ich in der Pelle gefunden hatte. Von wegen: »Liebe auf den ersten Biß«. Andere Kinder liebten es, sich die kleinen aufgequollenen Dinger, die Rosinen, rauszupicken. Ich habe meine Früchte zum Naschen freigegeben. Und mich dann der »Fleischeslust« ergeben.

Und unter Ausschluß bestimmter vegetarischer Einflüsse in meiner Grützwurst bin ich schließlich zum echten »Gourmeggle« geworden. Eigentlich müßte man schon selbst eine halbe Sau schlachten, um die Pfoten, Ohren und alles andere, was Schwein ist, in einem großen Wurstkessel zu einer fetten, herzhaften Brühe zu kochen. Aber wer hält sich schon einen Wurstkessel, geschweige denn eine halbe Sau, in der Wohnung!? Mir reichen 3–4 Pfund fetter Schweinebauch, um den gleichen Kochvorgang zu bewältigen. Übrigens: Das Schweinefleisch kommt mir nicht in die Grützwurst. Das machen nur die Westfalen. Mein Schweinefleisch wird schließlich aus dem Topf geschmissen, um in der verbleibenden Brühe 1 Pfund

Gerstengrütze zu garen. Gewürzt wird die entstehende Grützwurst mit Piment, Kardamom, Salz und Pfeffer. Und wer es immer noch nicht lassen kann, nimmt eine Handvoll Rosinen, die in der Brühe mit aufquellen müssen. Die Grützwurst im Topf, die sich irgendwann sehen lassen wird, ist eine aromatische Masse, die in ihrer streichelzarten Konsistenz an andere Streichwürste erinnert. Meine Grützwurst wird jetzt mit einem Löffel gegessen: Heiß oder kalt! Mit Apfel- und/oder Kartoffelmus. Und bitte, laßt den Löwen in der Senftube!

Die beste Pasta

Manchmal fühlt man sich geworfen, unbehaust und schwach. Verlassen von Verstand, Vernunft und allen guten Geistern. Es fehlt an Sinn und einer Antwort auf die Frage: Wo gehör' ich hin? Heimatlosigkeit macht Hunger. Aber nicht auf Aggressives. Schmeicheln muß die Speise, freundlich lächelnd auf dem Teller liegen. Dann gibt sie einem das Gefühl des endlich Angekommenseins. Zu Hause, das ist ein Teller voll Spaghetti. Oder: »Wherever I eat my spaghetti, that's my home.« Nicht jede Sorte Pasta kann das leisten. Die Nudel an sich neigt nicht zum Zanken, sie ist verträglich, sättigend und trotzdem nicht zu schwer. Sie hat viele Freunde mit sonnigem Gemüt: Tomaten, Pilze, Kräuter, Fisch und Fleisch. Nudeln sind von Natur aus nett. Spaghetti aber sind etwas Besonderes: Sie können trösten. Man kann sie lutschen, saugen, schlürfen, inhalieren. Wenn sich ihr schlanker Körper um die Gabel wickelt, bekommt man das Gefühl, daß eins zum anderen paßt. Die Sauce fügt sich, die Nudel biegt sich, und Wohligkeit breitet ihren warmen Mantel über uns. Von schlicht bis verzwackt ist bei Spaghetti alles möglich: 8 EL Olivenöl in der Pfanne erhitzen 6–8 feingehackte Knoblauchzehen leicht gelb werden lassen, 1 kleine gewürfelte Chilischote dazu, $^1/_2$ Bund gehackte glatte Petersilie rein, und mit frisch gemahlenem Pfeffer würzen.

Oder mit Zitronensauce: 2 feingeschnittene Frühlingszwiebeln in Butter andünsten, die Schale einer unbehandelten Zitrone in feine Streifen schneiden, mit 4 EL Sherry und 1 Becher Crème fraîche 5 Minuten kochen lassen. Mit Zitronensaft, Salz und Pfeffer abschmecken. Ausnahmsweise paßt hier frisch geriebener Parmesan tatsächlich gut.

Bei Flußkrebsen in Orangenbutter, aber auf gar keinen Fall: 1 fein gewürfelte Schalotte in 25 g Butter glasig dünsten, 200 ml frisch gepreßten Orangensaft, einige frische Estragonblätter und 2 cl trockenen Wermut hinzufügen, und alles auf die Hälfte einkochen. Sauce durch ein Sieb gießen, 150 g Butter in Flöckchen nach und nach unterschlagen, 50 ml süße Sahne dazu. Mit Salz, Pfeffer und Cayennepfeffer würzen und mit 2 cl Cognac aromatisieren. 12 gekochte und ausgelöste Flußkrebse und 2 geschälte und filierte Orangen einlegen.

Total gut kommt auch Hühnerleber: 2 gehackte Zwiebeln in Butter goldgelb braten, $^1/_2$ Bund Salbei und 500 g geputzte und gewürfelte Hühnerleber dazu, bissel braten, fertig. Die Spaghetti natürlich strikt al dente. Aber dazu sag ich jetzt nix. Das muß sich von selbst verstehen.

ALLES IN OLDNUNG! SCHNAUZE KALT UND FEUCHT. HUND GESUND.
GESUND HEITSAMT

Hund in Kokos

Von Rainer Balcerowiak

Der Hund ist ein wahrer Freund des Menschen. In unseren Breitengraden dient er u.a. zum Beißen von Demonstranten. Nur der kulinarische Aspekt dieses Nutztieres wird hierzulande grob vernachlässigt. Wie in vielen Dingen, hat man uns da in Asien einiges voraus. So bot denn eine Reise nach Vietnam die Gelegenheit, Meistern der Zubereitung dieses Tieres in die Pfanne oder genauer, den Wok zu schauen.

Man nehme einen jungen, mittelgroßen Hund (zirka 8–12 Monate alt) und befördere ihn möglichst schmerzlos, zum Beispiel mit einem Bolzenschußgerät ins Jenseits. Das Häuten wird durch das vorherige Flämmen des Felles erleichtert, in Vietnam macht man das mit Pechfackeln, aber ein Bunsenbrenner tut's auch. Für unser Gericht benötigen wir die sauber und ohne Sehnen ausgetrennte Leber des Hundes, reinigen sie gründlich, um sie dann in Kokosmilch, der wir ein wenig Ingwer beigeben, einzulegen. Die Leber lege man in einen Dämpfeinsatz aus Bambus. In einen Wok fülle man den Kokossud und würze ihn nach Geschmack nach, aber nicht zu scharf, um den zarten Eigengeschmack der Leber nicht zu zerstören! Im Dampf des Suds gart die Leber, natürlich bei geschlossenem Deckel, bis sich ihre dunkelrote Färbung in ein sattes Mittelbraun verwandelt. Zwischendurch mal reinstechen, ob sie durch ist und auf keinen Fall zu lange garen, sonst wird sie zäh. Dazu wird gedämpfter Reis gereicht. Als Würztunken empfehlen sich Nuoc Mamh, das ist eine fermentierte Fischsauce, und ein Chili-Dip. Als Speisebegleiter wäre beispielsweise ein kräftiger, trockener Grauburgunder aus dem Badischen zu empfehlen oder auch, typisch asiatisch, ein kühles Bier. Die Reste kann man getrost seiner Katze geben, sie wird sich besonders freuen. Auch ein Kannibalismusversuch mit dem eigenen Struppi dürfte interessant sein.

Bleibt das Problem der Beschaffung eines geeigneten Hundes. Asiatische Bekannte berichteten mir von spezialisierten Händlern und Fleischern in Polen. Und ein Blick auf unsere Straßen reicht aus: Es gibt viel zu essen – fangen wir's ein. Natürlich kann man auch im Tierheim Lankwitz nach einem jungen herrenlosen Hund fragen.

Huhn Dijon

Senf macht Pickel. Das hat mal ein aknegeplagter Klugscheißer meiner Freundin Karin Lembke erzählt. Seitdem kriegt Karin jedesmal wenn sie Senf ißt Pickel. Panikpickel aus Pickelangst. Dabei wollte der nur eine faule Ausrede für die Krater in seinem Gesicht servieren. Die kamen aber gar nicht von zuviel Senf, sondern von schlampiger Ernährung und schlechtem Charakter. Karin wollte er zum Wurst-mit-Senf-Essen ausführen. Weil er auch noch knauserig war. Keine Kohle für Karin. Wenn's ihm nichts wert ist, dann nicht, dachte Karin, knallte ihm eine und kaufte sich ihre eigene Wurst. Manchmal ist die Karin ein bißchen rabiat. Aber den Floh hatte sie im Ohr: Eine Stunde später kam die erste Pustel. Das ist Psychologie.

Und das nur, weil Senf gelb ist. Dabei gibt es auch Senf in anderen Farben. Weiß zum Beispiel. Aus weißen Senfsamen wird der amerikanische Senf gemacht. Der ist eher mild. Braune und schwarze Senfsamen sind schärfer und werden vor allem in der indischen Küche, in Chutneys und Pickles verwendet. Das sind pikante Würzsoßen. Keine Hautkrankheiten. Mahlt man braune und schwarze Senfsamen zu Pulver hat man den Grundstoff für englischen oder französischen Senf. Der Deutsche kann gemahlene schwarze oder weiße Senfkörner, Essig, Weinmost, Pfeffer, Gewürznelken, Zimt, Zucker, Meerrettich und Salz enthalten. Süßer Senf ist grob gemahlen und sehr süß. Oft liegt er an einer Weißwurst.

Kann sein, daß die Wurst den Senf braucht. Aber der Senf braucht nicht die Wurst. Ganz egal welcher. Er ist die Zierde einer Soße, an Salat und sonstigen Sachen. Einem Huhn zum Beispiel. Das wird mit Senf zur Sensation. Backofen auf 180 Grad hochheizen. Ein

Backblech mit Alufolie auslegen. Folie mit Öl oder zerlassener Butter bepinseln. 6 Hühnerbrustfilets nebeneinander auf das Blech legen. $^1/_4$ Tasse Dijon-Senf und eine $^3/_4$ Tasse Volleimayonnaise in einer kleinen Schüssel gut verrühren.

Mayonnaisemischung über die Hühnerbrustfilets verteilen. Hühnerfleisch mit großem Stück Alufolie bedecken. Folienränder ineinander falten, so daß die Folie ringsherum gut verschlossen ist. Etwa 20 Minuten backen, bis die Filets durch sind. Zum Servieren den Sud über die Filets gießen. Dazu gibt's grünen Salat, außerdem Reis oder mindestens Brot reichen. Wein natürlich. Und nicht an Pickel denken. Dann kommen auch keine.

Gefüllte Forelle

Von Melissa Logan

Für ein friedliches und ruhiges Essen: Nach dem Fangen der Forelle, töten und schlitzen Sie sie vom Schwanz bis zu den Kiemen am Bauch entlang auf. Entfernen Sie den Inhalt des Bauchs, jetzt waschen. Füllen Sie sie mit etwas Salbei, nicht zuviel, sie könnte sonst bitter schmecken. In Backpapier einwickeln und auf einem Blech für 40 Minuten in den vorgeheizten Ofen schieben. Oder so lange bis man mit einem Messer ganz sanft hineinschneiden kann.

Den Fenchel in Würfel schneiden und in einer großzügigen Menge Butter braten. Wenn er eine hübsche braune Farbe annimmt, Wasser zufügen, so daß die Bratpfanne halb voll ist. Zugedeckt bei niedriger Temperatur so lange kochen lassen, bis fast das ganze Wasser verkocht ist (ungefähr 25 Minuten). Einige Spritzer Zitrone und so viel Parmesankäse wie gewünscht oben drauf, zudecken. Wenn der Parmesan geschmolzen ist, ist der Fenchel fertig. Wenn man möchte, etwas Petersilie draufstreuen.

Tötet man die Forelle nicht selbst, muß man darauf achten, daß sie klare, glänzende Augen hat. Milchige Augen sind kein gutes Zeichen. Der Fenchel sollte hart und nicht zu groß sein.

Grüne Sauce

Von Conny Lösch

»Im Lande zu Hessen hat's große Berge und nichts zu essen, große Krüge und sauren Wein, wer wollte gern im Land der Hessen sein?« fragt der Volksmund. Der nichthessische natürlich. Der hessische hat sich damit abgefunden, er schaufelt und gießt Absonderliches in sich rein. Auswärts gibt er damit an. Aus nix ganz fix was Tolles zaubern, ist der Wahlspruch der hessischen Köchin. So kam es zur grünen Sauce: Mutter Goethe hatte nichts als ein paar Kräuter und eine französische Modezeitschrift, in der sich ein Rezept für Sauce verte befand. »Des mach isch ma ferde Johann Wolfgang«, soll sie gesagt haben. Sie kochte 10 Eier hart, trennte sie, strich das Eigelb durch ein Sieb in eine Schüssel, verrührte es mit 2 EL Essig und $^1/_4$ Liter Öl und schmeckte es mit etwas Salz und Zucker ab. Das Eiweiß hackte sie fein und gab es zum verrührten Ei, das gleiche tat sie mit 10 EL von den Kräutern, die sie in ihrem Garten fand. Da waren: Dill, Petersilie, Kerbel, Borretsch, Estragon, Pimpernell, Liebstöckel, Sauerampfer und vielleicht auch Zitronenmelisse und ein bißchen Spinat. Dazu kochte sie Pellkartoffeln und freute sich nen Ast, weil sie so schnell und billig davon kam.

Die Grüne-Gourmet-Schickeria Frankfurts nimmt heute weniger Öl, rührt Joghurt mit hinein und legt eine affige Scheibe Ochsenbrust dazu. Das macht nicht dick, sieht vornehm aus, bleibt billig und kostet in den mafiosen Freßtempeln der Parteigenossen Mörderkohle. Das ganze Jahr über werden Grüne-Saucen-Wettkochen, Grüne-Saucen-Spitzen-Rezept-Wettbewerbe und Grüne-Saucen-Kräuter-Ratespiele veranstaltet, bei denen Grüne-Spitzenpolitiker volkstümeln, was das Zeug hält. Schluß damit. Maul halde, Sose esse,

Schoppe petze! Der wahre Genießer kennt nur ein Ziel und das heißt: Schmecke musses! Der parteipolitischen Vereinnahmung der grünen Soße kann nur durch aktives auswärtiges Grüne-Sauce-Essen entgegengetreten werden. Denn grüne Sauce ist für alle da. Überall.

S. UPPENHUHN
3 x KLINGELN
RUHIG ÖFTER VERSUCHEN
WILL

Hühnerbrüh

Von Lecko Bio

Wenn Sie ermattet sind an Körper, Seele oder Geist, vergessen Sie Sister Morphine – greifen Sie zu Schwester Hühnerbrüh! Die bringt's, die hilft, die weckt sogar Tote wieder auf. So Sie ein klassisches Suppenhuhn verwenden, ist Ihnen eine besonders gehaltvolle Brühe gewiß, und das Freiland-Maishähnchen färbt die Suppe besonders prächtig. Auf gefrorene Hühner sollte man unbedingt verzichten – sie mutieren im Topf zu Flummibällen. Das vorher gewaschene Huhn wird in einem ausreichend großen Topf mit gesalzenem und gepfeffertem Wasser bedeckt und kalt aufgesetzt. Eine Extra-Hühnerbrust wird hinzugefügt, nach einer Stunde entnommen und erst kurz vor Toresschluß wieder beigegeben. Während das Huhn auf mittlerer Flamme vor sich hinblubbert, wandern Möhren, Radieschenwurzel, Sellerie, Porree, Knoblauch und Zwiebeln nacheinander in den Topf. Je kleiner das Gemüse geschnetzelt wird, desto später sollte man es hinzufügen, geriebenen Sellerie z.B. erst nach 1 $^1/_2$ – 2 Stunden. Zu diesem Zeitpunkt läßt sich auch das Hühnerfleisch entbeinen und sortieren. Die delikaten Fleischstückchen wandern in den Topf zurück, während die ausgekochten Knochen, die der Suppe ihren Calciumgehalt und ihre kräftige Konsistenz verleihen, den Job hinter sich haben und im Abfall zur Ruhe gebettet werden. Die Hühnersuppe kann mit Curry abgeschmeckt werden, vor allem Chili und Ingwer aber geben ihr den richtigen Dreh, und ein Löffel Honig hilft ebenfalls gegen triefende Nasen. Das Hohelied der Hühnersuppe ist im übrigen ein internationales:

Es ruft der Franzmann im Gestrüpp:
'eil 'ühnersüpp! 'eil, 'ühnersüpp!

Calamares

»I'd like to be under the sea, in an octopus's garden in the shade«, sang Ringo Starr, als er mal durfte. Und so stellen sich diese Jet-Set-Briten das Unterwasserleben vor: Halligalli unter giraffenfarbigen Tiefseepalmen und eine Oben-ohne-Hosteß bringt kühle Cocktails vorbei. Quatsch mit Soße. Oder wie man in Norddeutschland sagt: Quatsch mit Tunke. Noch besser mit Tinte. Davon hat der Tintenfisch genug. Das wissen die Panade-fanatiker, die Calamari fritti nur deshalb von Chicken McNuggets unterscheiden können, weil sie kringelig und nicht brockig sind, nicht mehr. In Mehl-Eier-Prampe totfrittiert kann der mild fischige Geschmack der Krake bestenfalls noch SOS-Signale an den Gaumen senden.

Die Griechen haben's im Griff: Sie nehmen 1 Kilo mittelgroße Calamarestrichter und heizen den Backofen auf 160 Grad vor. Die Trichter werden gewaschen und getrocknet. 1–2 EL Öl, 2 gehackte Frühlingszwiebeln, $^1/_3$ Tasse Pinienkerne, $^1/_2$ Tasse Korinthen, 2 EL frische gehackte Petersilie, 2 TL abgeriebene Zitronenschale und 1 $^1/_2$ Tassen gekochter Reis werden mit 1 Ei in einer Schüssel vermischt. Jeder Trichter wird bis zu zwei Dritteln mit dem Zeug vollgestopft und das Ende mit einem Zahnstocher oder einem Spieß zugesteckt. Nebeneinander packt man sie in eine Kasserolle.

Damit das schön nach Meer schmeckt, ergo feucht, muß eine fruchtig-frische Soße her: Tomaten sind klassisch – einfach immer gut. 2 EL Olivenöl in einem Topf erhitzen, 1 gehackte Zwiebel und 1 zer-drückte Knoblauchzehe bei schwacher Hitze andün-sten, 4 große, gehäutete und gehackte Tomaten mit 4 EL Rotwein und 1 EL frischem gehacktem Oregano dran und erstmal 10 Minuten köcheln lassen.

Soße über die Calamares gießen und das Ganze zugedeckt 20 Minuten im Ofen backen. Vor dem Servieren nochmal die Soße von unten nach oben schichten. Schön über die Tintenfischtuben drüber. Dann kommt Ringo zum Essen vorbei. Es schmeckt ihm so gut, daß er vor lauter Euphorie in den ganz hohen Oktaven singt. Heimlich machen wir Aufnahmen davon, verkaufen sie fürn Heidengeld und hauen hurtig ab nach Griechenland. Da scheint die Sonne. Und irgendwer serviert bestimmt auch Oben-ohne-Cocktails.

DIE DEKO KANN EINEM DEN GANZEN APPETIT VER-DERBEN!

Hamburger

Burger sind nicht billig, und schnell ist beim Fast food nur die Verdauung, die lacht das Weißmehl aus, schaut weg und läßt's passieren. Der Zucker im Burgerbrötchen führt zu Harnsäureablagerungen in den Gelenken. Die Gicht grinst bei jedem Burgerbiß genau so wie der Burgerboß, der seinen Angestellten niemals faire Löhne zahlen wird. Burger machen arm, einsam und krank. Da hilft auch keine Muckibude. Schön am Burger ist das Ferkeln. Biedere Bulettenesser dippen spitzfingrig harte Beefbriketts in staubig gelben Senf, beißen unvergnügt in fahle Schrippen und halten sich für überlegen. Sauberkeit ist uns verhaßt. Wir wollen uns vergraben: ein Bissen in den Mund, zwei Bissen im Gesicht verschmieren. Wenn mehr Sauce über Finger läuft, als zum Schluß im Magen landet, war's ein Fest. Nur wo wird regrediert, wenn der innere Parteitag gegen Großkonzerne rebelliert? Daheim, wo's am schönsten ist. 500 g Hühnerbrust zu Hackfleisch zerkleinert, $^2/_3$ Tasse Semmelbrösel, 1 EL Currypulver, 1 EL Mangochutney, 2 EL glatte, feingehackte Petersilie, 1 verquirltes Ei, Salz und Pfeffer in einer Rührschüssel mit Händen und Füßen verkneten, die Hände nicht waschen, den Kühlschrank fest beim Griff packen, öffnen, rein mit der Schüssel. 20 Minuten und 3 Liter Coca-Cola später mit leicht geölten Händen 6 Propperburger auf das Format der wartenden Weichbrötchen modellieren und 5 Minuten von jeder Seite spritzend braten. Bevor die Dinger in die Brötchen wandern, wird noch eine grobe Senfcreme aus $^1/_4$ Tasse saurer Sahne, 1 EL grobem Senf, 1 EL Mangochutney und $^1/_4$ Tasse Olivenöl, das wir tropfenweise zugeben und in der Mischung solange schlagen, bis es ganz verbraucht ist, hergestellt. Salatblatt,

Tomate, Zwiebelringe, Gurken die komplette Liste und noch mehr, weil hier Gier und nicht Unternehmergeiz regiert.

Darum gleich noch eine weitere Variante: 750 g Rinderhack, 1 Tasse Semmelbrösel, $^1/_2$ TL Zitronenschale, 5 Tropfen Tabasco und 1 Ei mischen, zu 6 Burgern formen, im Kühlschrank ziehen lassen, braten. Dazu gibt's eine Meerrettichcreme aus $^1/_2$ Tasse saurer Sahne und 2 TL Meerettich.

Gut geht auch 1 kg Rinderhack, $^1/_4$ Tasse saure Sahne, 1 TL getrockneter Thymian, 1 TL getrocknetes Basilikum und 1 TL getrockneter Rosmarin vermanschen, 6 Burger, Kühlschrank, braten, machen wir inzwischen blind. Der Clou dazu: 1–2 EL Öl in einer Pfanne erhitzen, Zwiebel zugeben und bei mittlerer Hitze 20 Minuten anbraten, mit 2 EL Balsamessig und 1 TL Honig 10 Minuten schmoren. Auf die Burger, zwischen die Finger, ins Gesicht.

Truthahn

Der Puter ist ein guter, in der Ofenröhre ruht er. Er liegt in einem Bräter und freut sich schon auf später. Wie alle andern auch. Gutes Essen ist die Grundlage. Es geht um die Geschenke. Da soll keiner was anderes erzählen. Die müssen gekauft, gewickelt und gestellt werden. Das braucht Zeit. Also muß ein Mahl gemacht werden, das Tradition mit Zeitökonomie verbindet. Geflügel bietet sich an. Es kann garen, während man wurstelt. Das Geflügel für die Großfamilie ist der Truthahn oder Puter. Warum der Puter Truthahn, die Pute aber niemals Truthuhn heißt, ist eigentlich egal. In Großbritannien liebt man nicht die Gans, man zieht den Truthahn vor. Das ist clever, denn der ist nicht ganz so fett und unter den gängigen Geflügelarten ganz bestimmt der größte. Bestellt man sein Festtagsvieh beim Biobauern aus gesunder Zucht, sollte man auch über die Anschaffung eines Profibackofens extra large nachdenken. Im Zweifelsfall kann ein Truthahn 18 Kilo auf die Waage bringen, und die passen in die gängigen Backmodelle kaum rein. Die Frau Gemahlin ist kompakter und damit küchenkompatibler. Im italienischen Friaul kennt man eine Zubereitungsart, die eine Brücke schlägt zur deutschen Weihnachtsgans: mit Pflaumen und Kastanien. Man besorgt einen handlichen Puter von zirka drei Kilo und den behandelt man so: 400 g Trockenpflaumen über Nacht in Grappa einweichen. 4 Stangen Staudensellerie putzen und fein würfeln, Puter waschen, trocknen, innen und außen salzen und pfeffern. Die Hälfte der Pflaumen vierteln und mit Sellerie und 400 g Eßkastanien (Dose geht ok) mischen, salzen und pfeffern. Den Puter penetrieren und mit der Mischung füllen. Die offene Wunde mit Holzspießchen und

Küchengarn verarzten. Brust und Keulen mit 250 g Speckscheiben belegen. Keulen und Flügel mit Küchengarn am Körper festbinden, damit der Puter nicht panisch wird, sobald er Hitze kriegt.

Den Bräter mit Wasser ausspülen und mit 150 g Speckscheiben auslegen, Puter mit stolzgeschwellter Brust nach oben rein und auf die unterste Leiste vom vorgeheizten Backofen (175 Grad) schieben. Jetzt Kinder und Erwachsene in den Keller sperren, in Ruhe Christschmuck an den Baum und an die eigenen Ohren hängen, Geschenke einwickeln, zuordnen und beschriften. Die erste Flasche aufmachen (immer mit dem Besten beginnen) und tief durchatmen. Zwischendurch den Puter mit Liebe und Bratensaft begießen. Nach 3 Stunden und 20 Minuten Gäste und Familie befreien und zum Tischdecken abkommandieren. 1 kg Kartoffeln schälen und vierteln, die restlichen Backpflaumen und einen Rosmarinzweig zum Geflügel geben und nochmal 40 Minuten in die Röhre gucken lassen.

Servieren, tranchieren und abwarten, wie sich die Familien- und Freundesdynamik unter verschärften Festtagsbedingungen entwickelt. Heiligabend hat Horrorhäufung. Notfalls zum Pflaumengrappa greifen. Aber nur Mut, so schlimm wird's schon nicht werden.

Nachmittagstoast

Von Wiglaf Droste

Unerfreulich, wenn nicht sogar ein Indiz fortschreitender Barbarei, ist das Verschwinden der Nachmittagsmahlzeit, auch »Tee« genannt. Hängt man zwischen Mittag- und Abendessen im täglichen Vier-bis-fünf-Uhr-Tief wie in einem lichtlosen Schacht, hilft nichts besser als eine halbstündige Mahlzeit, bei der man sich mit Toast und Getränken für neue Aufgaben stärkt. Die Getränke sind ziemlich fakultativ; Espresso oder kurz gezogener Tee tun's zur Not, heiße Schokolade mit Rum, ein trockener Sherry, ein Crémant oder ein frischer Weißwein sind aber aufmöbelnder. Beim Essen empfiehlt sich die konservative Variante: ein schön schabbeliger Käse-Schinken-Toast, den Alfred Biolek sicher als »Croque Monsieur« auftischen würde, denn Biolek lehrt die Deutschen vor allem anderen, »daß Murks mit Grandezza serviert werden kann« (Vincent Klink). Dann also lieber richtigen, klassischen Murks: 2 Scheiben Toast (aus der Packung; niemals frisches Weißbrot verwenden!) buttern und mit Scheibletten (Toast 1) und gekochtem Schinken (Toast 2) belegen, mit etwas Mayonnaise bestreichen, zusammenklappen und sorgsam in Gottes persönlichste Erfindung, den Sandwichmaker, hineinlegen, das Gerät aktivieren und nach wenigen Minuten an zwei heißen, knusprigen Toast-Dreiecken knabbern. Sandwichfeinspitze belegen den Toast vor dem Erhitzen zusätzlich mit Knoblauchscheiben und Schalottenringen und fügen zur Mayonnaise Ketchup oder Senf hinzu. Kann man machen, ist aber nicht nötig – das Schöne am Käse-Schinken-Toast ist ja gerade, daß er leicht ins Gewöhnliche hineinspielt. Wenn aber Senf, so empfehlen wir »Bautz'ner« oder das beim Ök erhältliche Produkt »Feuer« aus dem Hause Zwergenwiese. Nach dem Verzehr kehrt man zu seiner Arbeit zurück oder, viel klüger, trinkt direkt den Abend ein, bevor man sich dann, erfrischt und inspiriert, der Zubereitung des Abendbrots widmet. Davon ein andermal.

Meeresfrüchtetopf

Obst ist das nicht. Gepflückt wird's nicht. Hängt nicht am Strauch. Wächst nicht aus dem Boden. Wieso das so heißt, weiß kein Mensch. Es lebt. Das erkennt man daran, daß es kackt. Mein Freund Jan sagt immer, er ißt nichts, wo das Arschloch noch dran ist. Meeresfrüchte sind nicht sein Ding. Das ist Trendfood und Jan ist nicht trendy. Der ist toll. Nur ein bißchen geschmacksbehindert und von gestern.

Meeresfrüchte sind nicht neu, die gibt's schon immer. Bloß haben die früher nur die Caprifischer gegessen, weil die nichts anderes hatten. Oder die Griechen oder so. Die haben ganz viel Knoblauch drangemacht und dann Augen zu und durch. Der Hunger treibt's halt rein, haben die sich gedacht. Heute wollen alle Meeresfrüchte essen, weil sie teuer sind und nicht dick machen. Vor allem die Dicken ohne Geld wollen das. Auch die Dicken mit Geld. Und die Dünnen auch, die sind nämlich so dünn, weil sie immer nur Meeresfrüchte essen. Da bleibt nichts hängen auf den Hüften. Dafür sind sie dumm, die lesen niemals Bücher, gehen nicht ins Kino, geben ihr ganzes Geld für teures Essen aus. Die Dicken sind natürlich auch dumm. Die lesen genauso wenig, aber das hat andere Gründe. Weiß der Henker welche.

Eigentlich schmecken Meeresfrüchte gut. Sie sind vornehm. Fein fischig. Nur das Beißerlebnis kann komisch sein. Aber wer chinesische Ohrenknorpelpilze ißt, kommt auch mit Meeresfrüchten klar. Manchmal sind sie konsistenztechnisch nah am Gummibärchen. Muscheln knarzen, Tintenfisch knatscht, Krabben knacken. An so einem Meeresfrüchtetopf hat man viel zu kauen. Damit er nicht nur nach Früchten, sondern auch nach Meer schmeckt, kann man mit echtem Fisch den Effekt verstärken. 320 g rohe Garnelen schälen und die Därme entfernen. 4 EL Olivenöl erhitzen, 2 gehackte Zwiebeln 10 Minuten darin dünsten, 2 gehackte Möhren, 2 gehackte Selleriestangen und 2 zerdrückte Knoblauchzehen dazugeben und weitere 10 Minuten dünsten. 6 mittelgroße, enthäutete und gehackte Tomaten mit 4 EL Weißwein dazu und bei reduzierter Hitze 20 Minuten köcheln lassen. 2 EL Tomatenmark einrühren, Garnelen vorsichtig dazu, 200 g Tintenfisch in kleinen Stücken rein, 3 Minuten köcheln lassen, 1 Kilo Fischfilet in mundgerechten Würfeln rein und wieder 2 Minuten köcheln lassen. 12 Miesmuscheln ohne Bart mit gehackter Petersilie und frischen Thymianblättern in 4 EL Weißwein 2–3 Minuten kochen, bis sich die Muscheln öffnen. Der Sud kommt in die Mischung, die Muscheln obendrauf. Dazu gibt's ungesundes Weißmehlbrot. Das kann man tunken und kneten, zu kleinen Kügelchen formen und Tischrülpser damit bewerfen. Jan zum Beispiel. Aber der sitzt sowieso bei Burger King und boykottiert mein Essen.

Mohnpilen

Von Martina Schulz

Die deutsche Gastronomie ist vielerorts weit besser als ihr Ruf, jedoch hat sie seit jeher ein schlecht behandeltes Stiefkind: die Nachspeise.

Auch in mittleren und gehobenen Gaststätten wird man des öfteren mit langweiligem Kompott, phantasielosen Eiskreationen und magenstrapazierenden »Bayerischen Creme«- bzw. »Tiramisu«-Varianten gequält. Die Nachspeise soll der Abschluß eines Menüs sein und keine Endvöllerei. Und auch hier sollte gelten: »Warum in die Ferne schweifen? Sieh das Gute liegt so nah«. Aus Schlesien stammen die guten alten Mohnpilen, leicht, locker, schmackhaft und einfach herzustellen. Wie bei vielen leckeren Speisen ist ihr Grundgedanke die Resteverwertung. Man nehme 4 altbackene Rosinenbrötchen, schneide sie in fingerdicke Scheiben und befeuchte sie mit lauwarmer Milch. Für die Füllung kocht man $^1/_2$ Liter Milch, $^1/_2$ Vanilleschote (aus der man das Mark auskratzt), 125 g Zucker, 150 g Mohn, 100 g Mandelstifte und 80 g Sultaninen und einen Schuß Rum langsam auf. 10 Minuten bei schwacher Hitze ziehen lassen. Vom Herd nehmen, etwas abkühlen lassen, Vanilleschote entfernen und 250 g steifgeschlagene süße Sahne unterheben. Nun schichtet man abwechselnd das durchfeuchtete Brot und die Mohnmasse in einer flachen Glasschüssel übereinander, die oberste Schicht sollte Mohn sein. Mit angerösteten Mandelsplittern bestreuen, abdecken und über Nacht in den Kühlschrank stellen. Am nächsten Tag die inzwischen feste Masse aus der Schüssel heben und portionieren. Dazu kann man warme Kirschsauce, Vanillesauce oder Backpflaumenkompott servieren.

In der Alt-Berliner Küche wurden die Mohnpilen in der Adventszeit zubereitet und peu à peu bis Silvester verspeist. Sie schmecken jedoch in jeder Jahreszeit.

Ochsenschwanzsuppe

Schwanzlutschen, Arschlecken. Oft ist das der traurige Verlauf moderner Beziehungen. Er hat sie betrogen, ein Wort gibt das andere, dummer Ochse, blöde Kuh. Der Anfang vom Ende. Das muß nicht sein. In gefühlskalten Zeiten hilft eine warme Suppe. Unkompliziert im Arbeitsaufwand, langwierig in der Kocherei. Entdeckt sie einen Fehltritt, kauft sie einen Ochsenschwanz. Nimmt ihn und zerhackt ihn. In 2 $^1/_2$ Zentimeter lange Stücke. Das tut ihr gut. Den zerstückelten Schwanz gibt sie in einen großen, schweren Topf mit zerlassener Butter, läßt ihn brutzeln, bis er braun ist. Dann nimmt sie ihn heraus und tropft ihn ab. 1 große Pastinake, 1 weiße Rübe, 2 große Möhren, 2 Stangen Sellerie und 1 Zwiebel hackt sie fein und gibt sie in den Topf. Holt sich feuchte Augen im aufsteigenden Dampf. Bis die Zwiebeln glasig sind. Dann wirft sie wütend die Schwanzstücke in den höllenheißen Kessel, gibt 2 EL Gerste, 4 ganze Nelken, etwas gehackte Petersilie, 2 Liter Rinderbrühe, Pfeffer und Salz dazu und dreht die Hitze runter. Das war's. Jetzt kann er kommen. Ochsenschwanz muß sehr lange in sehr viel Flüssigkeit kochen, sonst ist er nicht zart. Was der Schwanz braucht, blüht dem Träger. Auch er muß schmoren, bis er weich wird. Er tritt ein. Teller und Tassen fliegen. Er leugnet. Er bekennt. Türen knallen. Sprechverbot. Schwanzwedeln. Kalte Schulter. Zweieinhalb Stunden lang. Eine Szene braucht Zeit. Dann sind sie zart. Beide. Der eine hat sein Aroma entfaltet, der andere seine Demut. Nummer eins dampft duftend im deftigen Sud. Nummer zwei kommt auf Knien gekrochen und schwört ewige Liebe. Schnell noch eine Träne in die Suppe drücken. Kurswechsel. So schlimm ist es nicht. Sie hatte schließlich auch ihren Spaß. Nur war er nicht clever genug, dahinterzukommen. Sie vergibt ihm, vermeintlich verletzt. Der Boden ist bereitet: Suppe auf den Tisch! Streiten macht hungrig und festigt die Beziehung. Mein Gott, was haben wir schon miteinander durchgemacht. Gestärkt geht's in die nächste Runde.

Servietteknödeln

Von Richard Oehmann

»Da bin ich nun allein zu Haus – Der Mond sieht wie ein Knödel aus« (Pumuckl). Dieses Gedicht markiert schon das ganze Mißverständnis, denn trotz seines kugeligen Namens muß sich ein echter Knödel beileibe nicht rund gebärden. Der Serviettenknödel, der Mercedes unter den Beilagen, bekannt für mäßige Rollbarkeit, sollte eigentlich Servietteknödel heißen, schließlich wird er nur aus einer einzigen Serviette geboren; so wie die Knödel, geformt aus mehreren Semmeln, auch, laut Valentin, korrekt Semmelnknödeln genannt werden. Heute geht es also konkret um den Serviettesemmelnknödel:

Man nimmt dafür 5 alte Semmeln (hochdeutsch: Brötchen), $^{1}/_{8}$ Liter Milch, 1 Zwiebel, 3 Eier, Petersilie, Butter, Salz, Pfeffer, Muskatnuß, sowie – Tusch! – ein Küchentuch und eine Schnur.

Die kleingeschnittenen Semmeln werden mit der warmen Milch gleichmäßig übergossen. Die Zwiebelstückchen brät man mit Butter an, die Petersilie gesellt sich dabei fast freiwillig hinzu. Dann verrührt man 3 geschälte Eier unter Hineingabe von Salz, Pfeffer und Muskatnuß in einer Schüssel. Es folgt eine elegante Schüttung und zwar der verquirlten Eier und der abgekühlten petersilisierten Zwiebel auf die Semmeln. Der ganze Brei wird mit starker Hand entschlossen durchgeknetet und dann eine halbe Stunde oder länger nicht mal ignoriert.

Das Küchentuch muß ausgekocht sein, sonst schmeckt das Essen später nach Waschpulver. Es wird dick mit Butter bestrichen, an den Rändern bleiben allerdings zirka 5 Zentimeter butterfrei. Der Knödelteig wird zu einem aparten Batzen geformt, mit der Butterserviette fest eingewickelt und an den Enden verschnürt. Die Proportionen spielen keine Rolle, solange der Knödel in einen Topf mit heißem Salzwasser paßt; da soll er nämlich hinein und möglichst für eine halbe Stunde vom freudig blubbernden Wasser überschwemmt sein. Danach heißt's Rausholen aus Wasser und Serviette, mit einem Faden in Scheiben schneiden, und aufessen.

Trocken macht ein Knödel selten Spaß, als Hauptgericht empfehlen sich daher Schwammerl oder Schweinsbraten mit reichlich Soße. In solch netter Gesellschaft ist der Knödel lecker und macht lustig. Mit Grieben drin schmeckt er auch zu Linsen oder Sauerkraut. Wegrollen ist dann Sache der Konsumenten und geht den Knödel gar nichts an.

Tofubuletten

Fleisch oder nicht Fleisch? Immer diese Dogmatikerfragen. Ist doch egal, sollen die Leute essen, was sie wollen. Die, die Fleisch verschlingen müssen, finden Tofu fad. Weil sie denken, das ist was, was nur da ist, weil was anderes nicht da ist: totes Tier. Und das wollen sie nicht, ganz theoretisch. Aber gesund macht krank. Das steht fest. Wo das Vernunftprinzip regiert, werden Lippen immer dünner. Verkneifen macht verkniffen, wer nicht trinkt und sich bewußt ernährt, kriegt schlechte Haut und eingefallene Schultern. Das Gesundgebot kann nicht funktionieren, weil Freßverbote frusten. Dabei gibt's megageile Magenfüller, die wissenschaftlich nachgewiesen gesundheitstechnisch Wunder wirken. Die Esser in der Eso-Ecke haben das schon längst entdeckt. Doch weil sie müssen und nicht wollen, macht schönes Speisen sie nicht schöner. Sie trinken nicht, sie rauchen nicht und sehen beschissen aus. Sie verachten heimlich ihre Nahrung.

An Tofu haftet der Ersatzstoffdünkel. Dabei ist dieser Bohnenquark flexibel. Tofu tut nix. Er ist supergesund, weil er nur aus hochwertigem pflanzlichen Eiweiß und Mineralstoffen besteht, dafür aber wenig Fett und überhaupt kein Cholesterin enthält. Im China-Restaurant schwimmt das Zeug in jeder zweiten Suppe und versteckt sich zwischen Rind und anderen Schweinereien. Schmeckt auch nicht nach Fleisch. Schmeckt nach gar nichts. Deshalb ist Tofu ja so dankbar, man kann ihn geschmacklich trimmen, wie man will. Marinieren, beträufeln, verkneten, verbraten. Das ist der Mozarella-Effekt. In Konsistenz und Farbe gleicht er gepreßtem Nillenkäse, nur geruchsneutraler. Betrachtet man ihn als eßbare Grundknetmasse, geht einiges.

Buletten zum Beispiel. Keine Bratlinge, Bratling klingt wie ein Tier, das sich im Rudel Klippen runterstürzt. Oder wie eine Gesundheitssocke. Oder wie etwas, das was sein soll, was es gar nicht ist, und sich deshalb einen extra freundlichen, politisch korrekten Namen gibt. Was jetzt kommt, ist eine stolze, selbstbewußte, unbeugsame Bulette aus solidem Rohstoff: 1 Knoblauchzehe zerdrücken, einige Salbeiblättchen in feine Streifen schneiden, 400 g Tofu abtropfen lassen und mit einer Gabel fein zerdrücken. Tofu, Knoblauch, Salbei, 1 Ei , 1 Eigelb und 2 EL altes geriebenes Brot vermischen und zu einem formbaren Teig verkneten. Mit Salz, Pfeffer, Zitronenschale abschmecken und zu Buletten formen. Einen Kohlrabi schälen und in Stifte schneiden. Eine Zucchini und 200 g Möhren ebenfalls in Stifte schneiden, 250 g Tomaten häuten und würfeln, einen Bund Frühlingszwiebeln in Ringe schneiden. In einer großen Pfanne 2 EL Öl erhitzen, die Buletten von jeder Seite 5 Minuten darin braten, in einer anderen Pfanne das Gemüse anbraten, mit Salz und Pfeffer würzen und bißfest garen. Etwas Crème Double unter das Gemüse mischen und mit gehackter Petersilie bestreuen.

Ein wunderbares Werktagessen. Ist zwar immer wieder Sonntag. Aber Gottseidank nicht jeden Tag.

Klumpfer

Von Schorsch Kamerun

Liebe Caroline,

hier kommt ein Essentip: Habe meine geliebte Oma (die fabulöse Frau Henny Fock) im Altersheim »Im Wohld« in Timmendorfer Strand besucht und folgendes notiert. Es heißt »Holsteiner Klumpfer«: Kekse für immer. Oder mindestens für/gegen alleine: Weizemin mit Eiern und Zucker und Butter und Margarine auch noch, Salzprise, Vanillezucker dran. Ein Schluck Schnapsche (Hansen-Präsident-Grün aus Flensburg reicht). Packpulver. Gelbe Südfruchtspritzer dranne. Jetzt: matsche knete, matsch knete ... kalt machen in Kühli. Auswalgen, plätten, platoen. Scharfzackige Anarchosterne ausstechen und Röhre damit. 15 Minuten mit allerlei Gedöns bestreuen: Buntes, Schokokram und Nüsse. Schmücken. Dann das beste, bunteste Kleid anziehen und total auf Party machen mit Gebäck.

Lieber Schorsch,

danke für die Feiertips von Henny Fock. Tina Sauer, was meine Oma ist, werde ich nicht besuchen. Die lebt nämlich nicht mehr. Obwohl sie die beste Oma auf der Welt war, hatte die das mit den Keksen gar nicht so drauf. Seit auch in Griesheim der Albrecht Aldi hieß und das Süßwarenregal dort mehr als drei Meter lang war, hat sie das Backen aus Sparsamkeitsgründen aufgegeben. Bei Albrecht gab es Afrika-Waffeln und Schokolebkuchen billig und satt. Von denen bekam sie Lachfalten und dicke Backen. Aber eigentlich war Tina Sauer eine traurige Oma, weil ihrem Mann, dem Wehrmachtskoch, den ich mir immer im Kugelhagel vor einer riesigen Gulaschkanone vorgestellt habe, so um 44 rum in Rumänien die

Gulaschkanone um die Ohren geflogen sein muß. Jedenfalls gibt's keine Spur von ihm. Meine Mutter ist auch ein bißchen eine traurige Mutter, weil sie meiner Oma kein richtiger Ehemann sein konnte, was sie aber unbedingt wollte. Lachfalten hat sie aber trotzdem ganz viele. Die hat sie dann später bekommen. Und Kekse kann sie auch backen. Vielleicht kommen die Lachfalten daher.

Deine, Caroline

Karl-Heinz

Wenige Menschen können kochen. Noch weniger interessieren sich dafür. Ersteres ist nicht weiter schlimm, denn kochen kann man lernen. Wenn man mit dem Herzen dabei ist. Ist man das nicht, sind Hopfen und Malz verloren. Lieber in den Imbiß gehen. Da sind ja in den letzten Jahren auch Fortschritte gemacht worden, so daß man sich nicht fürchten muß. Nichtsdestotrotz glauben Menschen, die die Kunst des Kochens weder beherrschen noch sich dafür interessieren, sie müßten sich sozial verhalten. Sie sprechen Essenseinladungen aus. Man sollte sich ein Magenleiden in der Mensa holen und malade zu Hause bleiben. Denn zu solchen Gelegenheiten wird lahmarschig ein drittklassiges Kochbuch befragt, geizig eingekauft, mit Rücksicht auf Minderheiten und ohne Rücksicht auf guten Geschmack fleisch-, phantasie- und lieblos gekocht und, wenn nicht alle lecker-lecker schreien, eine beleidigte Miene aufgesetzt. »Gemüseauflauf« ist das favorisierte Gericht dieser miesepetrigen Eßbehinderten. Gemüseauflauf heißt Alarmstufe Rot. Rennen!

Unser Gericht heißt Karl-Heinz und hat mit einem breiig verkrumpelten Studentenallerlei nicht das geringste gemein. Es ist köstlich. Nicht lecker. Zufällig ist es auch billig, einfach und fleischfrei. Für 12 Portionen schneiden wir 750 g Zucchini, 750 g Auberginen und 750 g Kartoffeln in schmale Scheiben, die wir halbieren, salzen und zur Seite stellen. 750 g grüne Paprika werden in Sechstel geteilt, 1 kg Fleischtomaten grob gewürfelt, 250 g Staudensellerie fein gehackt, 2 Bund Frühlingszwiebeln in dünne Ringe geschnitten, 6 Knoblauchzehen gepreßt und 2 Bund glatte Petersilie, 2 Bund Basilikum und 1 Bund Oregano (ja, es gehen auch 3 TL getrockneter) grob

INTERESSIEREN SIE SICH FÜR KOCHEN?
FÜR WAS, BITTE?

gehackt. 125 g schwarze Oliven werden entkernt und gehackt, 200 g milder Schafskäse und 200 g mittelalter Gouda geraffelt. 4 EL Olivenöl mit 4 EL Pflanzenöl erhitzen, Knoblauch, Sellerie und Frühlingszwiebeln glasig dünsten, Tomaten rein, 1/8 Liter Wasser und 4 EL Tomatenmark zugeben, und alles zirka 1/2 Stunde offen einkochen. Mit Salz und Pfeffer abschmecken und die Oliven dazu. Die Saftpfanne aus dem Backofen oder eine andere überdimensional große feuerfeste Form mit 1 EL Olivenöl bepinseln und 40 g Spaghetti roh und einmal durchgebrochen darauf streuen. Darüber die Kartoffelscheiben geben, dann die Auberginenscheiben, die Paprikasechstel und wieder 40 g Spaghetti, ein Drittel Käse und die Hälfte der Kräuter drauf verteilen, dann die Zucchinischeiben aufschichten, nochmal 40 g Spaghetti, den Rest der Kräuter und ein weiteres Drittel Käse drauf. Dann das eingekochte Tomatengemüse darüber streichen und mit dem restlichen Käse bestreuen. Nach 1 Stunde im 225 Grad heißen Backofen ist Karl-Heinz verzehrfertig.

Dann wird gegessen und geredet. Es gibt so viele schöne Themen. Kommentare zum Essen sind nicht erwünscht. Wer das zu ignorieren wagt, der sollte wissen: Unter »köstlich« geht gar nichts. Wer »lecker« sagt, der fliegt. In hohem Bogen.

Fischtopf mit Aioli

Von Conny Lösch

In modernen Paarbeziehungen kann die Spülfrage zum Problem werden. Es müssen Regeln gefunden werden. Demokratische natürlich. Er wäscht und poliert jeden Samstag das Auto, dafür spült sie. Das ist nicht demokratisch. Kein Mensch braucht jeden Samstag ein poliertes Auto. Polierte Autos braucht man nie. Sie spült und er trocknet ab ist auch Unsinn, weil man nicht abtrocknen muß. Trocknet von alleine. Eine prima Regel ist: Jeder tut das, was er oder sie am besten kann. Das heißt, er putzt das Klo, bringt den Müll runter, kauft die schweren Getränkekisten, wischt den Flur, fegt den Hof, repariert das Auto, mäht den Rasen, spült stupide alles, was dreckig ist, und zwar pronto, und trinkt zur Belohnung ein Bier. Aber nur eins. Sie kocht. Und läßt sich dafür lieben. Da gibt es nur einen Haken. Der Alte lernt nie kochen. Und er beschwert sich noch darüber. Wenn man ihn läßt, stellt er sich blöde an, der Kram schmeckt nicht, und er fühlt sich als Opfer. Als Opfer umgekehrter Unterdrückung. Weil er durfte ja nie kochen lernen, weil er immer das Auto polieren mußte. Oder eben spülen. Ruckzuck hängt der Haussegen schief.

Aber es gibt eine Lösung: Eintopf. Dafür braucht man nur einen einzigen Topf. 2 kg Hühnerklein in 3 Litern Wasser zum Kochen bringen, 1 Bund Suppengrün putzen, waschen und grob zerschneiden, mit etwas Salz und 0,04 g Safran zum Hühnerklein geben. Die Brühe sorgfältig abschäumen, damit es später nach was aussieht, und bei milder Hitze offen 2 Stunden kochen lassen. 350 g Kartoffeln schälen, in dünne Längsstreifen schneiden, 6 große Knob-lauchzehen in Scheiben und 3 Bund Frühlingszwiebeln in Ringe schneiden. Das Grüne beiseite legen. 200 g

Fenchel waschen, putzen und in feine Streifen schneiden, Fenchelgrün zerzupfen. 2 Bund Thymian von den Stielen zupfen, 1 Peperoni waschen und fein hacken, 1 kg Rotbarschfilet in 6–8 Stücke zerteilen und zusammen mit 6 Kabeljaufilets und 8 Steinbeißerkoteletts mit 3 EL Zitronensaft beträufeln und salzen.

Für die Aioli Eigelb mit dem restlichen Zitronensaft, Senf, Salz und der restlichen durchgepreßten Knoblauchzehe cremig rühren. Das Öl zuerst tropfenweise, dann in dünnem Strahl mit den Quirlen des Handrührers auf höchster Stufe unterschlagen, bis eine dicke Mayonnaise entsteht. Kühl stellen. Petersilie waschen, trockenschütteln und grob hacken. Shrimps in einem Sieb kurz abspülen und abtropfen lassen.

Die fertige Brühe durch ein Sieb gießen und auffangen. Olivenöl erhitzen. Kartoffeln, Knoblauchscheiben, weiße Frühlingszwiebelringe, Fenchelstreifen, Thymian, Peperoni und Lorbeer 10 Minuten darin dünsten. Brühe zugießen und alles bei milder Hitze 20 Minuten im offenen Topf garen. Fischstücke und die grünen Frühlingszwiebelringe in den Topf geben und 12 Minuten darin erhitzen. Shrimps, Petersilie, Fenchelgrün zugeben und weitere 5 Minuten ziehen lassen. Mit Aioli und gerösteten Brotscheiben servieren. Eintopf ist Eintracht. Aber wer spült die Teller? Wer holt den Schnaps aus dem Keller? Zack wird wieder gestritten. Die moderne Zweierbeziehung ist am Ende. Sie funktioniert nur mit Bringdienst.

Rainer Balcerowiak

Lebt in Berlin, schreibt viel und das auch noch schnell. Diesem glücklichen Umstand verdankt der leidenschaftliche Austernanhänger trotz unglaublicher Umtriebigkeit ein beträchtliches Ausmaß an Freizeit, die er nutzt, um die Berliner Fisch-Feinkost-Theken nach den preisgünstigsten Fin de claire abzusuchen. Neben der Arbeit an einem blutrünstigen Roman verdingt er sich als Fahrrad- und *junge Welt*-Redakteur.

Lecko Bio

Der prominente promovierte Brillenträger lebt nicht in Köln, glaubt aber ganz fest daran, daß essen in jeder Lebenslage helfen kann.

Franz Dobler

Geboren und aufgewachsen im oberbayerischen Schongau, lebt Franz Dobler heute mit seiner Familie und einem Vogel über einer Kneipe in Augsburg, die er gelegentlich zu Recherchezwecken besucht. Veröffentlichte unter anderem »Bierherz« (Flüssige Prosa) und »Tollwut« (Roman). Zuletzt erschien »Auf des toten Mannes Kiste. Get Country and Rhythm«, eine Sammlung seiner in der *jungen Welt* veröffentlichten Kolumnen (alle bei Edition Nautilus).

Wiglaf Droste

Wurde vor einiger Zeit im Westfälischen geboren, irrlichtert und dichtet in Berlin, trinkt Tabasco pur aus der Originalflasche, kocht dementsprechend und schreibt auch so. Zusammen mit Gerhard Henschel hat er »Der Mullah von Bullerbü« verfaßt, das illustriert von Ernst Kahl gerade bei Edition Nautilus erschienen ist.

Bernadette Hengst

Kommt aus dem ost-westfälischen Bad Salzuflen und lebt in Hamburg. Sie war Sängerin der Band Die Braut haut ins Auge, die sich nach neun glücklichen Jahren aufgelöst hat. Jetzt tourt La Hengst alleine, schreibt wunderschöne Kurzgeschichten und tüftelt neue Smash Hits aus.

Matthias Hering

Der Wein-Weib-und-Gesang-Experte lebt in Berlin und zwar Mitte, wofür er sich nicht schämt, obwohl er weiß, daß er es müßte. Er weigert sich, der Mieterhöhung zu weichen und macht statt dessen in Musik. Seinen Traum vom Schlafen-bis-man-nicht-mehr-müde-ist macht er so oft wie möglich wahr. Zur Entspannung schiebt er täglich einen Braten in die Röhre.

Sergej Jensen

Den serbo-dänischen Maler und Musiker zog es vor einem Jahr von Frankfurt am Main nach Hamburg, wo er sich unter anderem wegen seiner phantastischen Kochkünste einen Ruf als Multitalent erwarb. Seine Sehnsucht nach Äppelwoi und Handkäs mit Musik spült er mit einem dreifachen Küstennebel runter, rülpst und singt ein Loblied auf Heinz Schenk.

Schorsch Kamerun

Erster Führungsoffizier der Goldenen Zitronen aus Hamburg. Umtriebig nicht nur in Musik, sondern auch

Theater, Kunst und anderen Dingen. Kann überhaupt nicht kochen, läßt es aber mit viel Liebe bleiben.

Vincent Klink

Sieht so zum Anbeißen aus, daß er in eine der wichtigsten Sendungen der ARD gelangte, das Frühstücksbuffet, wo Millionen an seinen Lippen hungerten. Mittlerweile wurde die Sendung eingestellt, die Zuschauer gingen nicht mehr zur Arbeit, sondern kochten nur noch und fraßen sich doll und voll. Im Hauptberuf führt er in Stuttgart-Degerloch das bekannte Gasthaus »Wielandshöhe«, das sehr preiswert und auch kalorienbewußt über das Internet anzusteuern ist (www.wielandshoehe.com). Er zählt zu den besten Köchen Deutschlands und wurde mit einem Michelin-Stern und drei Gault-Millau-Kochmützen ausgezeichnet.

Conny Lösch

Lebt seit ungefähr drei Jahren in Berlin. Dafür hat sie nichts getan, es ist ihr so passiert. Wenn sie nicht damit beschäftigt ist, Unruhe in den Redaktionsräumen der *jungen Welt* zu stiften, übersetzt sie die Werke genialer Wirrköpfe aus dem Englischen ins Deutsche (zuletzt Billy Childish: »Junger Mann ohne Kleider« und Sexton Ming: »Verfickt & zugenäht. Nette Geschichten aus der Stadt« beide Maas Verlag, Berlin). Das Am-Tresen-Lehnen ist ihr lange schon zur lieben Gewohnheit geworden.

Melissa Logan

Wuchs in New York auf und landete nach einem mehrjährigen Umweg über München in Berlin. Sie ist Sängerin der glamourösen und berühmten »great techno swindle«-Girlband Chicks on Speed, deren CD »will save us all« (Chicks on Speed Records/EFA) die Welt ein gutes Stück besser macht und langweilige Jungs-Gitarren-Rockbands wie Stricktantenvereine aussehen läßt.

Ludwig Lugmeier

Wurde in Bayern geboren und hat auf seinen Weltreisen einige Krokodilsteaks verspeist. Seit vielen Jahren lebt er als Autor und Märchenerzähler in Berlin. Sein Roman »Wo der Hund begraben liegt« (Stroemfeld/Roter Stern) ist Pflichtlektüre für alle, die wissen wollen, was ein gutes Buch ist. Das nächste kommt in Kürze.

Christof Meueler

Der gebürtige Niedersachse und gewohnheitsmäßige Hesse war drei Jahre lang berufsbedingter Zwangsberliner. Als Autor und Redakteur der *jungen Welt* lebte er im Ostteil der Stadt, die er täglich wegen ihrer ungenießbaren Schrippen verfluchte. Inzwischen hat er sich vom Hauptstadtwahn befreit und ist seiner Familie nach Leipzig gefolgt, wo er noch immer für die *junge Welt* arbeitet, aber weitaus bessere Brötchen frühstückt.

Sexton Ming

Wurde 1961 in Gravesend, Kent, England geboren. Gemeinsam mit Billy Childish gründete er die legendären Medway Poets. Sein Verlag Phyroid Press brachte Ming frühen Ruhm, der ihm zu Kopf stieg. Seine Platten allein, mit Billy Childish, den Mindreaders, Diamond Gussets und The Tasty Ones machten ihn unsterblich. Seit 1998 ist Sexton Ming Kolumnist der *jungen Welt*. Im Berliner Maas Verlag sind seine gesammelten Stadtgeschichten unter dem Titel

»Verfickt und zugenäht« erschienen. Außerdem ist er Gründungsmitglied der Stuckists, einer innovativen Künstlergruppe, die sich einen feuchten Kehricht für Innovation interessiert. Er lebt, schreibt und malt in London (www.cerbernet.co.uk/david/sexton/).

Diana Nadeborn

Wurde in Berlin geboren und lebt immer noch gerne dort. Sie findet das völlig normal. Die überzeugte Hauptstädterin spricht fließend Englisch und Vietnamesisch, kann amerikanisch kochen, länger als 20 Minuten Kopfstand machen und hat in der Schreibtischschublade drei geniale Romane ver-graben, die sie der Öffentlichkeit erst dann präsentieren wird, wenn Madonna als Gast im Literarischen Quartett auftritt.

Richard Oehmann

Der drahtige Halb-Ire und Vollblut-Bayer lebt in München und stammt wie alle musikalischen Süddeutschen aus Weilheim. Als professioneller Puppenspieler macht er kein Vermögen, obwohl er es verdient hätte. Da er den Zusammenhang zwischen Kasperletheater und Hollywood frühzeitig erkannte, schreibt er Filmkritiken feinster Art und zieht nächtens plattenauflegend durch die bayerische Metropole.

Selim Özdogan

Wurde '71 geboren, lebt in Köln. Sein Romandebüt gab er 1995 mit »Es ist so einsam im Sattel, seit das Pferd tot ist«, gefolgt von »Nirgendwo & Hormone«, »Mehr« und den Kurzgeschichten »Ein gutes Leben ist die beste Rache« (alle Rütten & Loening). Im Europa Verlag erschien »Im Juli«, das Buch zum gleichnamigen Film, das aber erstens besser und zweitens ganz anders als der Film und deshalb drittens ein superguter Roman ist.

Lou A. Probsthayn

Hamburger Autor von langer Gestalt. Der Katzenliebhaber verdrückt abgesehen vom Futter seiner Haustiere alles, was sich nicht mehr bewegt und hat trotzdem keine Figurprobleme. Kalorien setzt er in Romane um, z. B. »Die Welt ist Hund« (Achilla Presse, 1997).

Rattelschneck

Heißt, wenn er Flugzeug fliegen will, auch Marcus Weimer, ist '63 im Norden geboren und lebt in Berlin, weil es ihm in München zu fade wurde. Trinkt gerne, kocht kaum und ißt bei Gelegenheit. Zuletzt erschien »Allein verreisen« (edition Moderne, Zürich 1998). Außerdem zahlreiche Illustrationen in hunderttausend Büchern unter anderem »Stimmt's?« von Christoph Drösser (Rowohlt 2000). Sein Kurzfilm »2008 – when matter-replicators were still very big and very very heavy« ist bis zum 31.12.2000 täglich im Londoner Millennium Dome zu sehen.

Michael Rudolf

1961 geboren, lebt in Greiz im Vogtland. War Gärungstechnologe, also Bierbrauer, außerdem Verleger des exquisiten Verlags Weisser Stein sowie der sympathische Bartmörder in Wiglaf Drostes und Gerhard Henschels Roman »Der Barbier von Bebra«. Ausgezeichneter Kenner von Pilzen und Pilsen, weshalb er auch den »Pilz-Raben« bei Haffmans herausgab und gleichermaßen informative wie unterhaltsame

Bücher über Bier veröffentlicht, zuletzt: »1516 Biere – Der endgültige Atlas für die ganze Bierwelt« (Edition Tiamat). Mit seinen Berichten aus dem Herzen des thüringischen Bösen sorgt er regelmäßig für Freudentränen.

Arnold Schölzel

Wurde im Westen geboren und hat sich im Osten schlau gemacht. Bis heute weigert sich der zum Genuß entschlossene norddeutsche Hochleistungsdenker, den Weißwurstäquator zu überqueren. Ansonsten ist ihm für ein gutes Essen kein Pfad zu steinig und kein Weg zu weit. Als Chefredakteur der *jungen Welt* verdient er sich Lorbeeren, die er am liebsten in feine Spirituosen getränkt zu sich nimmt.

Jürgen Schneider

Wurde 1952 in Wiesbaden geboren, Studium der Anglistik und Politik. Lebt als Publizist, Übersetzer (unter anderem Paul Durcan, Anne Enright, Seamus Heaney, John McGuffin) und Ausstellungsmacher in Berlin. Zahlreiche Veröffentlichungen zu Irland, unter anderem »Nordirland. Geschichte, Landschaft, Kultur & Touren« (gemeinsam mit Dietrich Schulze-Marmeling, Göttingen 1996). Von Jürgen Schneider erschien außerdem das Buch »Irisch Kochen – Gerichte und ihre Geschichte« (Verlag die Werkstatt, Göttingen 1999), das ein für allemal beweist: Auch in Irland kann man sich ernähren.

Martina Schulz

Lebt in Berlin und kocht phantastisch. Nicht zum Spaß, sondern hauptberuflich. Ihre revolutionären Versuche, Essen mit Würde und Anstand zu fairen Preisen zu verkaufen, stießen bei geldgeilen Gastronomen nicht immer auf Begeisterung. Frau Schulz schürzt die schönen Lippen, pfeift drauf und macht mit unverminderter Wucht und Wonne weiter.

Marcel Vega

Wurde im exzellenten Weinjahrgang 1969 geboren und lebt, nicht seitdem, aber doch geraumer Zeit in Hamburg. Nach mageren Jahren als Musiker fährt er nun als *junge Welt*-Kolumnist reiche Ernte ein und führt ein Leben nach Fürst-Pückler-Art.

Verlag 8. Mai,
224 Seiten, 24,80 DM
ISBN 3-931745-04-X

Mit Beiträgen von: Dr. Dorothee Piermont (BRD), Armando Hart Dávalos (Kuba), Inge Viett (BRD), Prof. Dr. Heinz Dieterich Steffan (Mexiko/BRD), Luis Javier Garrido (Mexiko), Denis Goldberg (ANC Südafrika), Assata Shakur (USA/Kuba), Isaac Velazco (Lima/Hamburg), Philip Agee (USA/BRD), Orlando Borrego Díaz (Kuba)

Mit der internationalen Che Guevara Konferenz im September 1997 begann ein spannender Diskussionsprozeß von Linken unterschiedlichster Herkunft und Position über Chancen eines neuen historischen Projektes. Fortgesetzt wird dieser Prozeß mit den Rosa-Luxemburg-Konferenzen, die jeweils am zweiten Samstag im Januar in Berlin stattfinden.

Bestellung:

jW-Shop

Karl-Liebknecht-Str. 32,
10178 Berlin,
Telefon: (030) 53 63 55-0
www.jungewelt.de
redaktion@jungewelt.de

Verlag 8. Mai,
168 Seiten, 16,80 DM
ISBN 3-931745-06-6

Diese 1971 erstmals erschienene Schrift Wolfgang Harichs gehörte lange zu den vergriffenen Büchern. Der in der DDR lebende Philosoph schrieb den Text 1969 als Symphatisant der Neuen Linken, der Anlaß zur Einmischung sah: Obwohl sich bis dahin kaum jemand aus der linksradikalen Bewegung im Westen zum Anarchismus bekannt hatte, erkannte Harich den Anarchismus als die dort »dominierende Tendenz«. Es drängte ihn, »den autoritär gesinnten Genossen warnend vor Augen zu führen, daß ihre vermeintlich taufrischen Lieblingsideen und bevorzugten Praktiken in Wahrheit weder originell sind noch sich jemals bewährt haben – bewährt im Sinne der herbeigesehnten Revolution«. So legte der gelehrte Kommunist ein polemisches Buch vor, das gleichwohl auf eine solidarische Politik hinauswollte.

Bestellung:

jW-Shop

Karl-Liebknecht-Str. 32,
10178 Berlin,
Telefon: (030) 53 63 55-0
www.jungewelt.de
redaktion@jungewelt.de

110 Seiten, 14,80 DM
ISBN 3-931745-00-7

Mit jedem neuen »Imbiß der Woche«, den Knud Kohr im Feuilleton der Tageszeitung *junge Welt* auftischte, wurden die Herzen seiner Leser auf das liebevollste flambiert. Wenn er und sein sprechender Pürierstab angesichts einer grausamen Wirklichkeit stets die richtigen Kochrezepte parat haben, bleibt kein Weißwein trocken, kein Ei verschreckt und – das Wichtigste – keine Seele ungerührt. Kohrs kühnste Kolumnen, Reportagen und Glossen sind in diesem Band erstmals vereint.
Und Vorsicht: Wer dieses Buch gelesen hat, wird die Welt und seinen Kühlschrank mit anderen Augen sehen – und das ist ja wohl bitter nötig. Mahlzeit!

Bestellung:

jW-Shop

Karl-Liebknecht-Str. 32,
10178 Berlin,
Telefon: (030) 53 63 55-0
www.jungewelt.de
redaktion@jungewelt.de